人物叢書

新装版

平田篤胤《ひらたあつたね》

田原嗣郎

日本歴史学会編集

吉川弘文館

平田篤胤肖像（京都大学蔵）

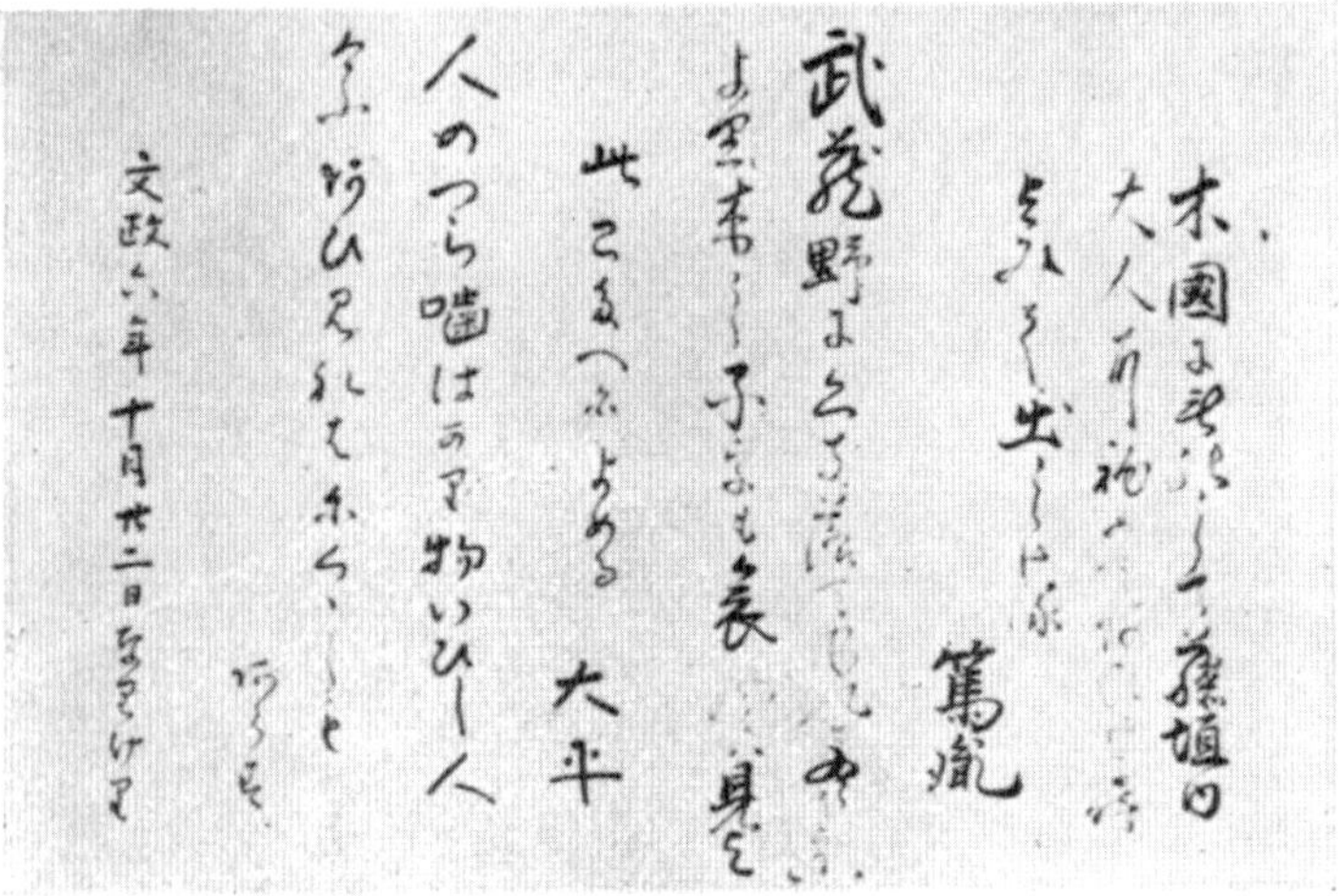

平田篤胤・本居大平の贈答歌

（佐佐木信綱氏旧蔵）

木国にものして、藤垣内
大人に初めてあひける時
よみて出しける

篤胤

武蔵野にくき落てあれど今さらに
より来し子をも哀とは見よ

此こたへによめる　大平

人のつら嚙ばかり物いひし人
けふあひ見ればにくゝしも
あらず

文政六年十月廿二日なりけり

『古史伝』の原稿

（東京　無窮会図書館蔵）

（左，木版の版下原稿・右，篤胤の原稿）

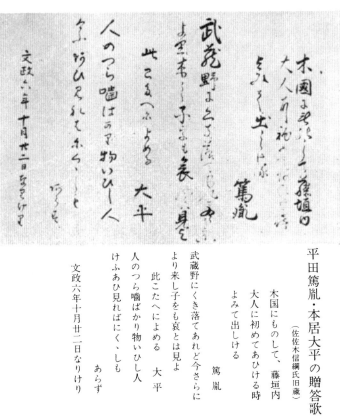

はしがき

平田篤胤は日本史の上では、有名な人物といえるが、その割には正体《しょうたい》がしかとつかめていないように思われる。かつては皇国史観的見地から、明治維新の原動力となったと考えられていた尊皇論の一源流として、国粋主義者から高い評価をうけ、戦後においては、逆に、かつての評価の故に殆んど顧みられない。

しかし、彼、篤胤が師と仰ぐ本居宣長を中心とする近世国学は、その文献学的業績によって現在なお尊重され、また、その「もののあはれ」論的思考の故に日本思想史上格別の注目を浴びている。さらに幕末、草莽《そうもう》の国学は明治維新への運動の深さを測定する問題とからみあって、戦後の新しい政治史的な関心から積極的な意味づけの意図をもって、再評価されようとしているかにみえる。

この間にあって、平田篤胤はいかなる位置をしめるのか。

この問題を思想史的観点から解明することを意図して書かれたのが本書である。それ故、本書は「人物叢書」の要求に従って、平田篤胤の伝記に関するすべての事実を包含することについて慎重な配慮をしたが、その主なる内容は篤胤の思想の分析と国学思想史におけるその位置づけである。

戦後における篤胤研究の業績が乏しいため、戦前・戦中におけるそれを充分参考としたにもかかわらず、なお著者の研究に基づく新見解を基本的な部分についてしばしば示さざるをえなかったが、それはむしろ著者のよろこびとするところである。

本書の原稿はすべて一昨年の冬から昨年七月初旬までに書かれたものである。なお、執筆にあたって、引用文その他については左の原則に従ったことをおことわりしておく。

一、引用文中の漢文はすべて読み下し文に改める。

二、引用文中の仮名は、全部が片仮名であるものを除き、すべて平仮名に統一する。
三、篤胤の著作からの引用は、新版の全集に拠るのを原則とし、それにないものについてのみ、旧版の全集から採用する。
四、本文中の氏名については、敬称・敬語を省略する。

一九六三年六月一一日

田原嗣郎

新装版の刊行にあたって

本書が刊行されてから、二〇年余りたち、その間に平田篤胤の研究はかなり行われたし、伝記や研究書も何冊か出た。いまでも本書に存在の理由があろうかと検討してみたが、本書のように不十分ながらも平田篤胤の全体に亙って述べている伝記も研究書も行なわれていないことが分った。そこで再刊にふみきったのだが、問題の一は首章にあたる「平田篤胤をどう扱うか」が冗長で、しかも、その割には展望の幅がせまいことである。いまなら別な書き方をするところだが、諸種の事情からやむをえずそのままとした。また、書いたときには見ることのできなかった篤胤の初期の著作『新鬼神論』を自分で校訂した(『日本思想大系』五〇)ことで、篤胤の思想の展開状況がはじめに本書に書いたのとはすこしちがっていることが分った。その他に新しい史料が発見・紹介されたものもあり、確実な新説が現れたこともある。それらを見逃すことはもちろんできない。それらについては可能な限り本文を書き直した。

それができないものについては巻末に追記した。従って、本書の内容は現在の平田篤胤研究の状況に応じたものとなっている。

改めていうまでもないことだが、本書は学問的立場で書いたものである。篤胤は、朝早く起きてまず申の方に向って、竜田風神を拝むと定めたが、その後継者はこれを、まず皇都に向って皇居を拝すると勝手に改めた。多くの篤胤伝はこの後継者の立場で書かれたから、平田篤胤の姿も変貌させられた。それをできるだけもとにもどそうというのを学問的立場といったのである。

一九八六年八月

目次

はしがき
新装版の刊行にあたって
一　平田篤胤をどう扱うか……一
二　本居宣長学の性格……一三
1　宣長学の学問的・方法的性格……一八
2　宣長学の社会思想史的性格……四八
三　宣長学接触以前の篤胤……八四
1　江戸に出るまで……八四
2　本居入門……九一
四　平田学理解の方向……九五
五　平田学前期の著作と思想……一〇三

1 初期の思想とその展開の方向……一〇三
2 「大意」段階の思想……一一四
3 宣長学継受の意識と方向……一二九
六 平田学の成熟……一四三
1 平田学成熟期の著作㈠と生活……一四三
2 平田学の特質……一六三
3 平田学成熟期の著作㈡……一九六
七 関西への旅行と鈴門との関係……二二三
八 平田学の拡張……二三一
九 後期における生活と篤胤の性格……二五三
一〇 平田学の性格……二八七
追記……三一二
略系図……三一七

略年譜……三八
参考文献……三七

口絵

平田篤胤肖像……巻頭
平田篤胤・本居大平の贈答歌……巻頭
『古史伝』の原稿……巻頭

挿図

本居宣長肖像……一九
荻生徂徠肖像……六五
松平定信肖像……七六
平田篤胤肖像……一〇四
篤胤自筆の和歌……一三三
篤胤使用の机……一四五
伴信友肖像……一五〇
門人教訓書……一五二―一五三
『玉だすき』……一五八
篤胤自筆和歌短冊……一八四
『古史成文』……一九七

『古史徴開題記』……一九八
『古史伝』の板木……二〇〇
『古今妖魅考』……二〇六
本居大平肖像……二一三
『神字日文伝』刊本……二四三
悉曇文字五十音図……二四四―二四五
神代文字、草体……二四四―二四五
『門人帳』……二五〇
篤胤の墓……二七一
篤胤の短歌……二七三
『新鬼神論』に寄せられた本居大平のはしがき……二八〇

一　平田篤胤をどう扱うか

戦後における平田篤胤への無関心

「平田篤胤という国学者の名を見ると、いまでも私はいい気がしない。なにやら気味がわるくなってしまう。というのは、言うまでもなく戦時中の、あの途方もないジャーナリズムにのっていた、脅迫的な諸論文を思い出すからである」(『海鳴りの底から』)と堀田善衛はかいている。これが一九四五年の敗戦まで荒れ狂う天皇制ファシズムに痛めつけられた日本人民の偽わらざる感想であろう。天皇制国家の観念的支柱となった国学のなかでも、篤胤はことさらに太い支柱であったのだから。

このような戦犯的亡霊を取扱うことはない、その上、篤胤には契沖・真淵・宣長のように現代の学問に役立つ文献学がないではないか! これが戦後、篤胤研究が殆んど行なわれない理由であろう。

一九五〇年代までになされた国学の学問的研究によっても、宣長学をもって国学出現の思想史的意義は完全に果されたとして、平田学はむしろ別な方向への発展と解せられ、また、平田篤胤において国学の現実化が行なわれて、国学主情主義の清新さは失われたといわれる。国学者の伝記中、ことさらに平田篤胤のそれが「途方もない」雰囲気でかかれたことは、実はこれ（すなわち篤胤の思想そのもの）と関係があったのであり、それ故、いわゆる「戦後」的思想状況に支配されての国学に対する嫌悪または無関心という条件からでなく、なんらかの意味で国学に関心がもたれ、研究が行なわれる場合にも、それが宣長学を最高峯とする国学史研究であるときには、右のような理由から篤胤または平田学に主たる関心が示されることはなかったのである。そして、それはその限りにおいて正当であった。戦前・戦中において皇国史観派が、その「現代」的関心から平田篤胤を解釈し、その亡霊を利用したようには、篤胤をとりあげるべき必然性も必要もないからである。

平田篤胤研究の学問的成果

それでは、いまここに平田篤胤をとりあげる意味はどこにあるだろうか。

従来の篤胤についての研究書は、その後嗣鉄胤《かねたね》の著作にかかる『大壑君《だいがくくん》御一代略記』を種本として、篤胤の伝記的事実を追うか、あるいは平田学のなかに皇国史観風の自己の意見をよみこむものが大半をしめている。それ故に基本的資料を使用して正確な伝記的事実をつきとめることや、「途方もない」雰囲気から解放されていわば学問的な立場で、篤胤の思想を解明することは、ともかくも篤胤が日本史上、無視しえない思想家である以上、大いに意味のある仕事であろう。

しかし、これらの作業は、前者に関しては一九四四年に刊行された渡辺金造著『平田篤胤研究』に収められた諸論文で大部分果されている。この著作は親《しん》国学神道的方向に沿ってかかれているが、その伝記的事実に関しては直接基本史料によって正確を旨としてのべられており、その点においては信頼できるものである(ただし、篤胤伝の全部についてはかかれていない)。また村岡典嗣の『宣長と篤胤』は戦後の刊行にかかるが、実は一九四三―四年の講義ノートであり、遺稿である。これは名著『本居宣長』(一九一一)以来、宣長学を中心として国学研究をすすめて来た著者が、その晩年において、宣長の思想と対比して、篤胤のそれを究明しようとした労作であり、その制作の由来によって完全には整序されておらず、註記がないために現代的研究文献としては不満もあるが、戦時中のノートであるにもかかわらず時流をこえた学問的立場を堅守したものであり、前記後者の要求にこたえうるものである。すなわち、この二書によって平田篤胤を、伝記的事実とその思想の両側面から、説明する作業はほぼとげられているといってよい。それ故、私もこの小著を草するに当って、右二書に負うところが極めて大であったことを特に記しておかねばならない。

かくして、いまここに、私が「平田篤胤」をとりあげる理由をのべるべき段階に到達した。

平田篤胤に対する問題関心

まず、私がもつ平田篤胤の思想に対する問題関心からのべよう。

「合理主義」という言葉をもっとも広義に使用した場合、人間の思想の歴史を合理主義の発展として巨視的にとらえることができるだろう。しかし、歴史的なある段階を限定してみれば、その段階における合理主義の思想は、その通用する範囲を限定される。すなわち、膨大な非合理的領域が存在するのである。だから合理主義はその非合理的領域を切りすてたところにおいて成立するわけである。それ故、非合理的現実をもその視野にいれる者にとっては、合理主義とは諸事態のレアルな把握を果しえぬ一種の独断とみなされる。かくして、いかなる合理主義もが、それによってはじめて成立ちうる、超「合理」的前提の独断的性格が指摘され、それが否定されるに至る。

この図式は徳川時代の思想的状況にも適用される。天地万物の存在以前に存在して、それらの生成原因となると同時に、それらのすべてに普遍的に内在するといわれる「理」を前提として組立てられた典型的な合理主義である朱子学におけるレアリズムの欠如を現実問題としてとりあげた広義に古学派といわれる儒者たちは、朱子学成立の前提である「理」の独断的性格を集中的に攻撃する。

この思想的行為を通じて、彼らは観念を前提とせず、多くの非合理的領域を含む現実存在そのものを前提として、まさに現実にべったりと密着したレアリズム・非合理主義の思想を形成していく。この古学派の志向は荻生徂徠《おぎゅうそらい》において頂点に達する。彼は人間内部の非合理的な情的部分にもっとも多く目を注ぎ、心情そのものを理論化することを通じて、被支配者の人情操作のための政治的技術の必要性を論じ、そこから体制の改革を主張して、行きつまった体制を救済しようとしたのである。この徂徠の政治理論では、全社会を担うに足る生産的エネルギーを保有しながら、社会の底辺にあって、かつては完全に政治的世界から疎外されつつ、非合理的・伝統的な思考↓生活様式を保守してきた膨大な量の、農民を中心とする被支配者＝庶民層が——彼ら自らが、しばしばそのエネルギーを政治的に暴発しつつ政治的世界に登場しようとする情勢に呼応して——主な要素となっている。これは一面からいえば庶民的心情の理解といえるだろう。

このように荻生徂徠は治者としての立場に発する必要から、被支配者＝庶民の心情をその学問の対象とするに至り、庶民型の発想に見合った彼自身の方法がここに形成されていったが、徂徠の保持した政治的立場を逆転させた上で、徂徠型の思考を一層徹底させていったのが、本居宣長以下の国学者であった。

この思想系列が朱子学を中核とする徳川合理主義（その前提たる「理」の普遍的性格がかなりに稀薄化したとはいえ）に対抗して徳川思想史を二分する思想的類型を形成するのである。これは、他を外来的・武士的とすれば、伝統的・庶民的思想類型といえるであろう。ここにいうような思想の分極的状況が中期徳川社会において、もっとも合理主義的な朱子学の内側にあった人物が、朱子学成立の前提たる超経験的な「理」を偽妄《ぎもう》として否定したことから発したということは、中期徳川社会のもつ歴史的な意味にふかく関連するが、この状況の発端が伝統的・庶民的思考の(一種の)理論化への志向から起ったと考えるならば、近代・現代の日本思想史における不可欠な要素である伝統的・庶民的思考に関心をもつ者にとっては、この系列に属する思想に重大な関心をよせざるをえないことはいうまでもあるまい。そして、平田篤胤は伝統的・庶民的意識に密着して、それを理論化するという、ある意味では矛盾的な事業をとげようとした点での重要人物である。

それ故、私は篤胤の思想について考え、これをあきらかにすることを通じて、徳川以降の思想史における思想の二類型論という仮説を実証する作業の一端を果すとともに、日本の伝統的・庶民的思想の実態的究明を(他に行なうべき諸研究とをあわせて)期待している。

これが、私がここに平田篤胤をとりあげる大前提となるが、本書、『平田篤胤』

は直接右の問題を解明すべき論文ではない。本書は「人物叢書」中の一冊として、右の問題関心に支配されながら、平田篤胤の思想の解明に力点をおいた上で、篤胤についての基本的諸事実を紹介し、検討して、平田篤胤についての概説を行なうことを直接の目的とするものである。

本書では、平田篤胤はどのように扱われるか。

平田篤胤研研の視角

これまで篤胤は、常に本居宣長との関連においてとり扱われてきた。これは思想的にも、国学者内部の派閥的関係についても、充分に理由のあることである。しかし、この両者の関係は自明でもなければ、定説ができるまでの研究も行なわれていない。のみならず平田学について考える場合の基準的役割を果すべき、宣長学の歴史的な位置と役割についても、従来明確な判断に恵まれているとはいいがたい。本書が宣長学の性格検討からはじめられるのはこの理由によるものである。

結論からいえば、私は宣長学と平田学との間には幾多の重要な差異が介在するにもかかわらず、両者はその社会思想的本質においては同じと考える。このような見解はとくに新奇なものではないが、どのような関連からかかる結論を導くかという理論的根拠は必ずしも同じではない。

私は両者の思想形成の社会的契機について考え、それらがともに、下たる者がいかにして安定的に生きるべきか、という問題にこたえて形成された思想であると考える。一つの仮説であるが、平田学の理論構成と直接つながるというものではない。

下たる者の立場による思想とは、安定せる権威社会であった初期徳川社会に、経済的進化を起動力とする諸種の社会的変動が発生し、それを原因として支配者と被支配者との関係に変化があらわれ、政治的世界に歪みが生じたにもかかわらず、これに的確に対応する政治が行なわれなかった（すなわち、レアリスティックな政治が行なわれなかった）ために、上下間のギャップが双方に意識され、上下の相互信頼という共同体的政治の無意識前提が虚偽として意識にのぼって、安定的な権威社会は崩壊に瀕する、ここでは上下の意志が互いに独立したものであるとの現実的認識が生れざるをえず、上の側においては支配の技術が客観化されざるをえないが、従来、権威社会において無意識のままに上からの支配に服従することによって、（自然に）生活してきた被支配者＝庶民は、ここにおいて、この支配・被支配の過程を意識せざるをえず、もはや無意識のままに服従することは不可能となる、しかし権力に抗して独自の政治理論を組立てるべき段階に達しない被支配層は、現実に即した政治が行なわれないままに、おのれの側から支配体制に密着し、これと同一化して、顕在化した上下間のギャップを意識の上から追放し、強いて政治的共同体に復帰することによってはじめて「安定的に生きる」ことが可能となるが、それを可能ならしめる理論のことをいうのである。

私は上下の相互信頼という政治的共同体成立の前提の虚構性が見破られて、支配の技術が客観化するという経緯を荻生徂徠学の形成事情とその内容に見出すが、それが現実政治のなかではっきりしたかたちをとってあらわれるのは、寛政異学の禁という政治的行為においてであると思う。下たる者＝被支配者の立場からの理論はこの裏側のコースにおいて形成されていくわけであるが、この視角から、宣長―篤胤という系列を一直線上にながめていこうというのが、本書を貫く基本方針であり、平田篤胤の扱い方なのである。

右の方針にもとづいての、具体的記述については次節以下にゆずるほかはないが、本節の終りに当って、上述の理由に従っての宣長学の性格の検討に当っては、ことに小林秀雄『本居宣長』（『日本文化研究』8）から学ぶところがあったことを註記しておかねばならない。

二　本居宣長学の性格

――平田篤胤の思想理解のための予備的条件――

平田学が宣長学の正統であるという篤胤の主張

平田篤胤はその独自な思想を開陳して本居門の国学者たちに衝撃を与えた著書『霊《たま》の真柱《みはしら》』において、「予《おのれ》弱《わか》かりし時は、いはゆる性理の学をまなび、それより進みて古学といふ漢学をなし、また進みて、世に、名だかき儒者《ずさ》どもの書を読みわたり、また進み進みて、故翁の教へまし〻古《いにしへ》の道に入り、初めて、これに勝れる、正道《まさみち》なきことを知り……」と彼自身における学問の歴史において本居宣長（享保一一―享和元（一七三〇―一八〇一））の学問こそが、自らの到達した最高の正道であることをのべるとともに、自分の学問が宣長の学統に連ることをはっきりと示しているが、さらに後年においてはこのことが一層強調されている。

服部中庸への宣長の遺言

宣長は享和元年九月二九日に死んだが、その直前の九月十三夜に宣長の養嗣子、大平《おおひら》（宝暦六―天保四 一七五六―一八三三）の宅で月を賞しての帰途、同行した門人の服部中庸《なかつね》（宝暦六―文政七 一七五六―一八二四）が、この秋以後は歌文の学びにはげみたいといったのに対して、宣長は自分の教え子には歌文の学びを好む者ばかり多くて、古学を専門とする者がいないのは非常に残念であるから、お前はこの神世の道を明らかにすることに専心してほしい、このことを特に頼むと語ったことが、中庸からの伝聞として『玉だすき』九に記されているが、専ら古道の学に没入していた篤胤は、中庸がこれを師の遺言とみなしたことに共感し、また、同じく中庸が、師宣長大人《うし》の御像に対して奉った文の中に、「大人の命《みこと》の伝へ給ひし事どもを、篤胤に伝へ譲り侍れば、大人の御志を空しくは成し奉らじと思ひ給ふれば、明日より黄泉《よみ》に罷り侍るとも思ひ残すこと侍らず」と書いたことをあわせ記し、歌文の徒でなく古道学に専心する己れこそが宣長学の正統をうけつぐものであることの意をのべており、さらにつづ

平田篤胤が本居大平から宣長の霊牌を受けたこと

けて篤胤はこのことを一層強調するために、彼が文政六年(一八二三)に上京した時、その帰りに和歌山に赴いて本居大平に会い、大平から笏《しゃく》の形をした宣長の霊牌をうけたことについて書いている。すなわち、この霊牌は宣長が生前に同じ木から三つ造って、その一つは大平のところ、他の一つは春庭の許《もと》に宣長の霊代《たましろ》として置かれていたのであるが、第三のそれが大平から篤胤に与えられた、大平はその時その来由を委《くゎ》しく語ったという。

二つあれば充分であるその霊牌を「元より三つ造り置たまへりしは、幽契《ゆうけい》ありし事にや、とぞ思はるゝかし。」篤胤はこう考える。

ここには宣長の生前に入門することのできなかった篤胤の、宣長との師弟的自覚がきわめて濃厚に看取せられ、単に学説内容や学問の方向からばかりでなく、このような非合理的・神秘的側面からも、あくまで宣長学の正統派であることを主張する篤胤の意図がうかがえる。

今日われわれは荷田春満《かだのあずままろ》（寛文八―元文元 一六六八―一七三六）・賀茂真淵（元禄一〇―明和六 一六九七―一七六九）・本居宣長・平田篤胤を国学の四大人といいならわしているが、こういういい方は幕末の平田門ではじまったもので、篤胤の高弟大国隆正（寛政四―明治四 一七九二―一八七一）が『学統弁論』（安政四 一八五七）で、国学の正統から契沖（寛永一七―元禄一四 一六四〇―一七〇一）と下河辺長流《しもこうべながる》（寛永元―貞享三 一六二四―八六）とを、彼らの学問は「歌の上の事にて道にはかゝはらぬ事」であるとして除外し、「近き世にいたり、……神道のまことをひきおこしたる人よたりあり、羽倉春満、岡部真淵、本居宣長、平田篤胤これなり」といい、これらの人を初祖・二祖・三祖・四祖とよぶに至る。このように国学の四大人論は幕末・維新期に平田派の国学者が社会的に勢力を増大してから、ほぼ通説化したのであって、篤胤在世の当時においてはかかる系列は容易に首肯《しゅこう》されるものではなく、むしろ篤胤を宣長門人としては、思想的にも事実の上でも認めまいとするものが本居門には多かった。彼が執拗に宣長学の正統をうけていると主張したのはこのような事情にもよるのである。

だが、ともかく以上にみるように、篤胤はあえて自らが宣長の後継者であることを自任したのであって、ここに平田篤胤をとりあげようとするに際して、このことは第一に注目しなくてはならない。これは篤胤にとっての主観的な問題であるが、客観的にも篤胤の思想は宣長学との関係をぬきにしては語ることができないのである。それはこの両者がその思想を同質の意識から出発させ、そして国学(古学)という同じ枠内で思想の形成を行ないながら、全くといってよいほどに性格のちがった思想をつくりあげる、この否定的および肯定的な関連を同時に考察しなければ、篤胤の思想は解明しえないからである。

宣長学の性格検討の課題

そこで私は以下に宣長学の性格を検討しようとする。それは第一に篤胤の主観において連続する宣長→篤胤という系列が、果して存在するのか、またはいかなる様態において連続するのか、を究明することを志し、第二にいわば宣長学の社会思想史的性格を追求することを通じて、宣長学形成当時の思想的状況、および宣長学の担う政治的・社会的課題を明らかにし、篤胤登場の思想史的状況、ならびに宣長学の嫡子を自任する平田学がうけとめるべき課題についての考察をあわせ行なうものである。

1　宣長学の学問的・方法的性格

本居宣長の京都での修学

本居宣長は宝暦二年(一七五二)二三歳のときに故郷、伊勢の松坂をはなれて京都に遊学すること五年、ここで主として医学・儒学の師について学び、松坂にかえって医業を開いたのであるが、宣長学を特質づけるその学問的・方法的基礎はこの五年間において形成されたと考えられる。そして、その端緒は契沖の著書によって触発せられたのである。

契沖と宣長との関係

宣長は京都遊学中の宝暦六年に書いたといわれている草稿『あしわけをぶね』

のなかで、つぎのようにいっている。

こゝに難波の契沖師は、はじめて大明眼を開きて、此道（和歌の道）の陰晦《いんかい》をなげき、古書によつて、近世の妄説《もうせつ》をやぶり、はじめて本来の面目をみつけえたり。……予さひはひに此人の書をみて、さつそくに目がさめたるゆへに、

此道の味、をのづから心にあきらかになりて、近世のわろきことをさとれり。これひとへに沖師のたまもの也。

宣長の自覚的な学問は専ら歌の事に偏《かたよ》ってはじめられ、後年、道の事へと発展させられていくのであるが、後年においても「わが古学は、契沖はやくそのはし

本居宣長肖像

をひらけり。」(『玉勝間』八)というように、京都修学時代に遭遇した契沖の著書から得られた方法的覚醒を出発点として形成せられた方法を基軸として宣長学は成立つ。

宣長学の特質としての「物のあはれ」の説

この方法の特質をもっともよく現わすものが、かの「物のあはれ」の説として知られる思想なのである。

彼はここに契沖との接触によって与えられた新しい方法的自覚によって、和歌の道についての思索を深め、「哥《うた》の本体、政治をたすくるためにもあらず、身をおさむる為にもあらず、たゞ心に思ふことをいふより外なし。」(『あしわけをぶね』)と和歌の本質をめぐっての画期的な定義づけを行なっている。これは「物のあはれ」の説の基礎がすでに構成されていることを示すものである。しかし『あしわけをぶね』では「物のあはれ」という言葉は余り用いられず、宝暦一三年になった『紫文要領』『石上私淑言《いそのかみのささめごと》』において、宣長のいわゆる「物のあはれ」論がかたちづくられていることが知られるのである。

宣長の源氏物語論

『紫文要領』において宣長はつぎのようにい

っている。

此物語は、紫式部がしる所の物のあはれよりいできて、今見る人の物の哀《あはれ》は、此物語よりいでくる也。されば、此物語は物のあはれをかきあつめて、よむ人に物の哀をしらしむるより外の義なく、よむ人も物のあはれをしるより外の意なかるべし、是哥道の本意也。物のあはれをしるより外に、物語なく哥道なし、故に此物語の外に哥道なき也。学者よく〳〵思ひはかりて、物のあはれをしる事を要せよ。これ即此物語をしる也、是即哥道をさとる也。しかるに諸抄のおもむき、此物語をもて、いましめの本意として、見る人をして、其身のいましめとせしむ、是物語の魔也。……抑《そもそも》いましめのかたにひきいるゝを此物語の魔也といふいはれはいかにといふに、いましめの心をもて見るときは、物語のさまたげとなる故しかいふ也。なにとてさまたげになるぞといふに、いましめの方に見るときは、物の哀をさます故也。物のあはれをさますは、此物語の魔にあらずや。又、哥道の魔にあらずや。

これは『源氏物語』の本質をめぐっての結論的断言である。それまでの源語論は右の引用文のうちにもあるように、教誡の意をこめた修身のための書であるとか、物語のうちの好色淫乱のことに心をつけず、そこに書かれている上代の美風や、さまざまのことにつけての人情・時変を見て政道の参考とすべき作者の真意を心して読まなくてはならないなどと、読む者の先入見にとらわれたおしはかりによって行なわれてきた。ここでは荷田春満のようにこれを「淫風の媒《なかだち》」としてしりぞける者があったことも怪しむに足りない。

宣長はただこのような、さまざまに義理をつけて、むつかしくことごとしく解釈するという結局は愚かな方法を却《しりぞ》けて、ただやすらかにこの物語をみた結果としてこの結論をえたのである。

ここで「物のあはれ」を知るということが宣長の文学論の核心として強調され

ている《》が、それをはっきりと理解することが必要である。

「物のあはれ」の定義

世中《の》にありとしある事のさまぐ\を、目に見るにつけ耳にきくにつけ、身にふるゝにつけて、其よろづの事を心にあぢはへて、そのよろづの事の心をわが心にわきまへ知る、是《れ》事の心をしる也、物の心をしる也、物の哀《あはれ》をしるなり。其中にも猶くはしくわけていはゞ、わきまへしる所は物の心、事の心をしるといふもの也。（『紫文要領』上）

この宣長の下した定義を検討してみる。まず「物のあはれ」をしるとは事の心・物の心をしると同じ意味であることが知られる。心とは意味というにちかいが、事・物の心をしるとは、それら事物の外側に在って、――観察・考察の主体に内在する原理・基準に従って――それらのもつ意味を把握《はあく》するというのではなく、事物のもっている意味と自分の心とが情的な共感を媒介として、さだかに分化しないという一種の感動のうちにありながら、「よろづの事を心にあじはへて」、その事の意味を直覚的に感得する「そのよろづの事の心をわが心にわきまへしる」ということであろうか。事の心とわが心と、心ということばを重ねて用いたところにも、このような宣長の考えが含まれているように思われる。

「物のあはれ」と情の純粋化

情と欲

ここでは事・物が全くそのままに肯定せられ、その上でわが心のうごきが純粋であることが、まず求められる。ここに宣長が「欲はたゞねがひもとむる心のみにて、感慨なし、情はものに感じて慨嘆するもの也。」(『あしわけをぶね』)と、情と欲とを区別する理由がある。欲は感動を伴わずただ実現を願いもとむる心のうごきであるから、対象となる事をまずうけいれ、それと共感することを基礎として、事にとけこみ事のうちにわけいることを必須とする「物のあはれ」をしる行為には適当でない。

心のうごきが純粋であるとは「ものに感じて慨嘆する」という性質を徹底せしめていくことであって、あくまでその心のうごきは心の内部にかぎられているの

道徳的規制と情の純化

であるから、いささかでも現状の変更を志向し、そこにのみ充足を見出そうとする欲とは全く異なる。

恋といふ物はあながちに深く思ひかへしても猶《なほ》しづめがたく、みづからの心にもしたがはぬわざにしあれば、よからぬ事とはしりながらも猶忍びあへぬたぐひ世に多し。……殊に人のゆるさぬ事を思ひかけたるありなど、よあるまじき事とみづからおさへ忍ぶにつけてはいよ〳〵心のうちはいぶせく、むすぼれてわりなかるべきわざなれば、ことにあはれ深き哥もさる時にこそはいでくべけれ。　（『同上』）

内外からの制約が強くて到底実現できない——現状の変更が許されない——道ならぬ恋の場合などには、情の純化の度合が深まってあわれ深い歌がよまれるというのである。

これからして、情の本性がはっきりと知られ、外界の事物の状況にしたがって、

「其しなにしたがひて感ずる所が物のあはれ也。」（『紫文要領』上）といわれることが理解せられるであろう。

「物のあはれ」論的方法

「大よそ此物語五十四帖は、物のあはれをしるといふ一言にてつきぬべし。」（『同上』）という宣長の源氏物語論の意味の検討からはじめて、以上に彼のいわゆる「物のあはれ」の説をあきらかにしてのち、再びこの初めにかえってみると、そもそも宣長が『源氏物語』を読んでその本質についての結論を導き出した方法こそが、「物のあはれ」論といわれるもの自体であることを見出す。宣長は自分の学問の方法を論理的に規定し体系化しようなどという願望をもたなかったが、そのこと自身が「物のあはれ」論的であるといえるであろう。

「物のあはれ」と和歌

これまで宣長の物のあわれの説について、いろいろと考えてきたが、その間の事情からこの説が和歌の道とはきってもきれない関係にあることが知られたと思う。すでに引用したところでも、宣長は「学者よく〳〵思ひはかりて、物のあはれをしる事を要せよ。これ即《ち》此物語をしる也、是《れ》即《ち》哥道をさとる也。」といっている。また彼は「歌は物のあはれをしるよりいでくるもの也」（『石上私淑言』上）という。

宣長はこの歌のいでくる過程を一般的にあとづけて、つぎのように述べている。

哥よむは物のあはれにたへぬ時のわざ也。物のあはれにたへぬとは、まづ物のあはれなる事にふれてもあはれをしらぬ人はあはれとも思はず、あはれとおもはねば哥もいでこず。……しかるに物のあはれをしる人はあはれなる事にふれてはおもはじとすれどもおもはれてやみがたし。……さて、さやうにせむかたなく物のあはれなる事ふかき時は、さてやみなむとすれども心のうちにこめてはやみがたくしのびがたし。これを物のあはれにたへぬとはいふ也。さて、さやうに堪がたき時はおのづから其おもひあまる事を言《こと》のはにいひいづる物也。かくの如くあはれにたへずしておのづからほころび出ることばゝ必長く延《ひ》きてあやある物也。これやがて哥也。（『同上』）

物のあわれをしる心が歌のいでくる必要にして充分なる条件と思われる。だが、

「物のあはれ」を知ること

物のあわれをしるとは、前にもみたように「事にふれて其うれしくかなしき事の心をわきまへしる」（『同上』）ことである。

単に事にふれて心のうごく事、「あゝはれ」という言葉の発せられる生の感動に溺れることを意味するのではなく、そのようなナチュラルな情のうごきに引続いて、それに共感する立場を保ちながら、その事の心をわきまえしる、すなわち一歩はなれることによって、その情のうごきを意識化することを意味している。

和歌の本質と「情」の客観化

これが宣長学における和歌の本質を明らかにする全過程であるということができる。それは宣長が和歌の本然について、「まづ哥と云ものは、心に思ひむすぼるゝことを、ほどよく言ひ出て、その思ひをはらすもの也。」といい、また、「詠哥の第一義は、心をしづめて、妄念をやむるにあり。」ということから知られるところである（『あしわけをぶね』）。「その思ひをはらす」ためには「みづからよみ出たるばかり

にては猶心ゆかず、あきたらねば、人にきかせてなぐさむ物也。人のこれを聞てあはれと思ふ時に、いたく心のはるゝ物也。」（『石上私淑言』上）一度よまれて客観化され外界の事物となった和歌に対して、全き肯定と共感を前提として、和歌の内部に没入して、その心を（他者が）しること、情的に他者が作者と同じ場にたつこと、すなわち人がこれを聞てあわれと思うことによって、作者の心がはれるのは当然である。

和歌の本然と体

それ故に、右にいわれる歌の本然からしてつぎのことばは自然に流出する。

哥といふ物は人の聞てあはれとおもふ所が大事なれば、其詞にあやをなし声を程よく長めてうたふが哥の本然にして、神代よりしかある事なり。（『同上』）

和歌の本然はこのように不変である。しかし、歌そのものは変化する。「されば人心おなじからざること、其の面の如しにて、人々かはりあり。思ふ心千差万別なれば、よみ出る哥もことぐ〳〵くその心にしたがひてかはりある也。……同時代にても、かくの如くその身その身の哥をよむ、又時代のかはりもその如く、上古は上古の体、中古は中古の体、後世は後世の体、をの〳〵その時代〳〵の体、をのづからかはりゆく、そのかはりゆくは何故ぞなれば、人の情態、風俗のかはりゆくゆへなり。とかく哥は人の情さへかはりゆけば、それにつれてかはり変ずる、これいやといはれぬ天地自然の道理也。」（『あしわけをぶね』）

ここで結論的に重要なのは和歌の体が時代とともに変化していくというそのこと自体ではない。宣長にとっての現在、すなわち「後世」において、いかなる歌の体によれば、和歌の本然をくまなくあらわすことができるかということが問題なのである。宣長においては詠歌は実践的に大切なことであるからである。

宣長は上古を理想的に考える。その時には人の実情そのままが物のあわれをしる心であった。それ故、詠歌の場合にもその表現的要素＝「詞」だけが問題となったのである。「古《いにしへ》の哥は、情は自然なればもとむることなし、只詞をもとむ、

宣長的現代における詠歌の方法

中古以来の哥は情《こころ》・辞《ことば》ともにもとむ、これ古今のちがひ也。」（『同上』）
「されば今の世にて」和歌をよむためには、作者の心から後世的な夾雑物を去って、素直ないつわりのない古人の心、物のあわれをしる心にならなくてはならないが、現在＝後世的条件において「此道にたづさはり、和哥を心がくる者は、とかくまづ今の人情にしたがひて、いつはりかざりてなりとも、随分古の哥をまなび、古の人の詠じたる哥の如くによまむよまむと心」がけることが先決条件である。心情を化するということは、単に自分の心や意志によって、できることではなく、必ず外的な媒介（詞）を必要とするからである。

そこで、いきなり後世の歌・人情を悪いとして否定し去るのでなく、まず現在の人情のあり方に従ってこのような方法をとる。「その中にをのづから、平生見聞する古哥・古書に心が化せられて、古人のやうなる情態にもうつり化するもの也。そのときはまことの思ふことを、ありのまゝによむと云ものになる也。これ何んぞなれば、かの古への哥のまねをして、かざりつくりてよみならひ見ならひたるその徳ならずや。」（『同上』）これが後世人の詠歌の方法である。と同時に、偽り多き「後世」＝宣長の現代において、いかにして物のあわれをしる心を得るか、という方法についての基本的な路線も、この議論から知られるのである。

和歌の道は宣長学の出発点であり、宣長学の形成においても実体においても重大な意味をもつことは――宣長自身においても、このことは充分に自覚されているが――すでにみたところである。

「和歌の道」と「神の道」

しかし、彼は『あしわけをぶね』のはじめから、これを吾邦《わがくに》の大道という風には心得ていなかった。

問　和哥は吾邦の大道也と言こといかゞ。

答　非なり。……吾邦の大道と云ときは自然の神道あり、これ也。自然の神道は、天地開闢《かいびゃく》神代よりある所の道なり。……さて和哥は、欝情をはらし思ひをのべ、四時のありさまを形容するの大道と云ときはよし、我国の大道とはいはれじ。（『同上』）

この初期宣長学における神の道と和歌の道との関係論は、その全期を通じて変ることがなかった。宣長の晩年（寛政一〇年〈一七九八〉、六九歳）の著である『うひ山ぶみ』においては、「すべて人は、雅《みやび》の趣をしらでは有るべからず。これをしらざるは、物のあはれをしらず心なき人なり。かくてそのみやびの趣をしることは、哥をよみ、物語書などをよく見るにあり。然して古へ人のみやびたる情《こころ》をしり、すべて古への雅たる世の有さまを、よくしるは、これ古の道をしるべき階梯也。」と、学問の全体における和歌の位置をはっきりと規定しているが、この前後二時期における和歌と道とのことについての論についてみると、宣長の学問が歌のことからはじまって、のちに道のことに重心を移していったのは、当初からの、当

「道」の学問が宣長学の中心であること

然の方向であったといえる。

かくして、宣長の学問の中心をなすものは道の学問であった。この「道の学問」ということ自体がきわめて後世的な存在なのである。「そもく道は、もと学問をして知ることにはあらず、生れながらの真心なるぞ、道には有りける。真心とは、善くも悪しくも、生れつきたるまゝの心をいふ。然るに後の世の人は、おしなべてかの漢意《からごころ》にのみ移りて、真心をばうしなひはてたれば、今は学問せざれば、道をえ知らざるにこそ有れ。」（『玉勝間』一）

右の文中の「生れながらの真心なるぞ、道には有りける。」という、やや不可解な部分を検討する。

道についての「さて古の道は、二典（『古事記』『日本書紀』）の神代上代の事跡のうへに備はりたれば、古言古哥をよく得て、これを見るときは、其道の意、おのづから明らかなり。」という文章が『うひ山ぶみ』にあるので、これによって考えるならば、道は神代・上代の事実そのものなのであるから、真心と道とは同じものとは考えられず、さきにものべたように、それは漢意《からごころ》にまだ汚染されていない神代・上代の素直ないつわりのない心であって、「生れながらの……」とは、道＝事実に対し、真心が全き肯定とそれへの共感をもととして没入し、その意味を味わい知るの意であると、解釈するのが適当であると思う。

「すべて神の道は、儒仏などの道の、善悪是非をこちたくさたせるやうなる理窟は、露ばかりもなく、たゞゆたかにおほらかに雅《みやび》たる物にて、哥のおもむきぞよくこれにかなへりける。」（『同上』）といわれる所以《ゆえん》である。

真心・真情

道とも歌とも不即不離の関係にあって貫流しているのが、物のあわれをしる心であり、真心である。そして、この真心はまた「うまき物くはまほしく、よき家にすまゝほしく、たからえまほしく、人にたふとまれまほしく、いのちながゝらまほしくするはみな人の真情《まごころ》也。」（『玉勝間』四）、「事しあればうれしかなしと時々にうごくこゝろぞ人のまごゝろ」（『玉鉾百首』）の真情につながっている。

物のあわれをしる心とは、外界の事物に対すべき心の態度であり、宣長にとっては唯一無二の認識の主体であり、さらに人にとってあるべき――上古人においては一般に実在した――心であって、しかも本来は自然のものである。それ故に――単に学問の方法としてではなく――全人間的な意味あいをもって、「物のあはれ」の説は宣長学の基本的方法なのである。

宣長のいう道は、記紀二典に記された神代のもろもろの事跡の上にそなわる事実であり、儒教や仏教でいう教え＝規範とは異なる。その故にこそ、道は真心によるならば、自然に知られるものであるとともに、また真心にかえらなければ知ることができないのである。

がくもんして道をしらむとならば、まづ漢意《からごころ》をきよくのぞきさるべし。

（『玉勝間』一）

後世人の心から漢意を取去ったものが、人の真心であり、もののあわれを知る心である。この心にたちかえって、すなわち後世の説にかかわることなく、直《じか》に記紀二典――ただし紀は唐籍にならって漢文で書かれたものであるから、いにしえからの伝説のままに書かれた記こそが道をしる第一の古典である――についてみるとき、いにしえの道が知られるというのである。この学問が古学である。

「古学」の規定

このような手続を通してしられる、そして、宣長が知った道とは何か。

宣長学における道

そも此の道は、いかなる道ぞと尋ぬるに、天地のおのづからなる道にもあらず、人の作れる道にもあらず、此の道はしも、可畏《かしと》きや高御産巣日神《たかみむすびの》の御霊《みたま》によりて、神祖伊邪那岐大神《かむろぎいざなぎの》・伊邪那美大神《いざなみの》の始めたまひて、天照大御神の受たまひたもちたまひ、伝へ賜ふ道なり。故是以《かれここをもて》神の道とは申すぞかし。（『直毘霊《なほびのみたま》』）

この道が天皇の祖先（と考えられている）である右の神々によって造り出され、うけつがれたものである、ということが道の基本的な性格を決定している。天照大神以来の血統がそのまま現在の天皇に連続していると考えられているからである。ここに道が単に歴史的過去における事実であったというにとどまらず、現在にまで連続するという原因がある。

「道の根本大元」

天照大神が皇孫尊《すめみまの》（瓊々杵尊《ににぎの》）に、この国（葦原中国《あしはらのなかつくに》）を治めるように命じて、天上からこの土地に降した。その時の大神の勅命に「宝祚之隆、当下与二天壌一無上窮者《あまつひつぎはあめつちのむたときはかきはにさかえまさむ》矣」とある。この勅命が「道の根本大元」である。

これを根本として「大かた世の中のよろづの道理、人の道は、神代の段々のおもむきに、こと〴〵く備はりて、これにもれたることなし。」（『玉くしげ』）である。

この道は後世風・異国風の考えによって解釈し意味づけをしたものではなく、記紀に伝えられる神代の古伝説に書かれたままの事実であり、けっして教え＝規範としての道ではない。上古にはそういう意味の道はありえなかった、と宣長は

上古における道と人民の理想的生活

強調する。

いにしへの大御代には、しもがしもまで、たゞ天皇《すめらみこと》の大御心を心として、ひたぶるに大命《おほみこと》をかしこみゐやまひまつろひて、おほみうつくしみの御蔭《みかげ》にかくろひて、おのも〳〵祖神《おやがみ》を斎祭《いつきまつり》つゝ、ほど〳〵にあるべきかぎりのわざをして穏《おだひ》しく楽《たぬし》く世をわたらふほかなかりしかば、今はた其の道といひて、別《こと》に教へを受て、おこなふべきわざはありなむや。（『直毘霊』）

ここに宣長は上古的生活＝理想的生活を描き出している。ここでの核心は「大御心を心とする」ことである。それは大御心に対して心から服従することを意味するが、ここで問題なのはあくまで、その心の態度であって、大御心の内容には関係がない。しかしまた大御心すなわち他の心を己れの心とするということは、真心＝物のあわれをしる心でなければ、できないことである。それが上古人の心であることについてはすでに説いた。

それ故に、かかる生活が上古においてしかありえなかったということも宣長の考えのうちである。

天照大神の道が不変に連続すること

しかし、また「天照大御神の正道は、盛衰こそあれ、とこしなへに存して滅ぶることとなし。」(『鈴屋答問録』)である。ここに道とは、その根本大元である皇統が天照大神以来、その神勅のようにいつまでも変らないということであって(また現にそうであるから逆に「神代の古伝説の虚偽ならざることをも知るべし」(『玉くしげ』)といわれるのだが)、それを根元とする全ての制度から習俗に至るまでが(道とは葬喪・祭祀などまでをいう。その点では荻生徂徠のいう礼楽・刑政に等しい)不変に連続するというのではない。

「道」の本質

記紀の学問を深めていけば、この道の全貌は当然に知られるはずである。しかし「そもそも道といふ物は、上に行ひ給ひて、下へは、上より敷き施し給ふものにこそあれ。」という本質を発生的にもっている。「道は天皇の天下を治めさせ給ふ、正大公共の道」なのである。すべての道はこの本質に貫かれることによって、はじめて道たりうる。それ故に学問することによって得られた道を、それがいかに古《いにし》えの行ないにかなっているとしても、個人個人が自分の意見から実行することは、道の本質にかなわないことであり、私事といわねばならない（『うひ山ぶみ』）。

学者はたゞ、道を尋ねて明らめしるをこそ、つとめとすべけれ、私に道を行ふべきものにあらず。（『同上』）

上古・神代に実際に行なわれた事の跡―古えの道と現在の諸制度・諸習俗は、歴史的変化を蒙って、合致しない。だが、それらは皆神のしわざによって変化したのである。

宣長学における「神」

宣長学における「神」――「さて凡《すべ》て迦微《かみ》とは古御典《いにしへのみふみども》等に見えたる天地の諸《もろもろ》の神たちを始めて、其《そ》を祀《まつ》れる社に坐《まし》ま》す御霊《みたま》をも申し、又人はさらにも云はず、鳥獣《とりけもの》・木草のたぐひ海山など、其余《そのほか》何にまれ、尋常《よのつね》ならずすぐれたる徳《こと》のありて、可畏《かしこ》き物を迦微とは云なり。」(『古事記伝』三)この故に、神々の所為にも善悪優劣が当然にあり、神々それ自身についても、善神も悪神もあるというわけで、一つの基準では定められないのである。

そこで「神の御《み》心はよきもあしきも人の心にてはうかゞひがたき事にて、この天地のうちのあらゆる事は、みなその神の御心より出て神のしたまふ事なれば」為政者＝天皇は「只何事も神の御《み》心にうちまかせて、よろづをまつりごち給ひ、」被支配層＝人民は「天の下の青人ぐさも只その大御心を心としてなびきしたがひまつる、これを神の道とはいふなり。」(『石上私淑言』三)

「下たる者」の政治観

それ故に、後世における政治は変化を矯正しようというのではなく、その変化したものを前提とし、これに即応して行なわなければならないのである。上古の仕方によって後世を治めようというのは、人の力で神に打勝とうとするもので、できないことであるばかりでなく、その時の神道にそむくものといわねばならない。「儒を以て治めざれば治まりがたきことあらば、儒を以て治むべし。仏にあらではかなはぬことあらば、仏を以て治むべし。是皆、其時の神道なれば也。」

（『鈴屋答問録』）。

このように考えてくれば、支配される者としては、いまの道をただうけいれるほかはないわけである。「すべて下たる者は、よくてもあしくても、その時々の上の掟《おきて》のまゝに、従ひ行ふぞ、即ち古への道の意《こころ》には有ける。」（『うひ山ぶみ』）それ故に宣長は仏教を批判する立場にありながら、世俗のままに仏事をうけいれようとしたのである。

宣長学における顕幽論

宣長においては、世界の総体は顕露界（現実的＝経験的世界）と幽冥界（超経験的な神々の世界）との二つから成る。そして、この両世界はその支配者を異にしているのである。それは高天原の神々に対抗していた出雲の神である大国主神が、天照大神に帰順した時の約束による。その約束とは、「今よりして世の中の顕事《あらはにごと》は、皇孫尊《すめみまの》これを所知看《しろしめ》すべし。大国主命は、幽事《かみ》を所知《しらす》べし。」というのであり、それは万世不易《ふえき》の御定めなのである（もっとも、大国主命の幽事は天皇命の行なう顕事の政を助けるという条件で行なわれる)。「幽事とは、天下の治乱吉凶、人の禍福など其外にも、すべて何者のすることゝ、あらはにはしれずして、冥《みやう》に神のなしたまふ御所為《みしわざ》」をいう。それ故、世の中はみな、神のみはからいということになるから、顕事というも、それは結局幽事の外に出るものではない。もちろん全く同じというのではなくて差別はある。

「其の差別は譬《たと》へば、神は人にて、幽事は人のはたらくが如く、世の中の人は人形にて、顕事は、其の人形の首《かしら》手足など有りて、はたらくが如し。」このような関係があるにもせよ、ここからして幽事に対する顕事のわずかな独立性、人の自発性が考慮される。すなわち、当初の約束によって幽事とは別に、顕事については皇孫尊(→天皇)の支配があり、さらにその下に将軍→諸大名による顕事の政も存在する。この顕事における上から下への筋道にそって、一般の人民も「その身分〱に、かならず行はでかなはぬ道理の根本」が存在するといわれる。されば、

人民の政治的義務

何事もただ、神の御はからいにうちまかせて、よくもあしくもなりゆくままに打捨ておき、人はこれに関与しない、というのは「大なるひがこと」なのであり、「人も、人の行ふべきかぎりをば、行ふが人の道」といわれるのである(『玉くしげ』)。

ここにいわれるように、一般人民が大御心を心とするということは、単に政治当局者の法律・命令に従うばかりでなく、自発的にそれぞれの分に応じた奉仕をなすことをまで意味する。上から下へという道の本質のなかで、その服従は積極的でなくてはならない。ここに大御心を心とするという精神の態度が、さきにみられたように物のあわれをしる心に等しいことが確認せられる。

《小　括》

本居宣長における道の学問においては、まずわが国の古えの道を知るために、記紀二典に参ずべき物のあわれをしる心が必須であった。そして「後世」的条件においては物のあわれをしる心を涵養するためには、和歌や物語への積極的関与が必要といわれたのである。

かくして得られた古えの道の、そして古学の実践的意義は、上から下へ敷き施こし給うという、学問的にあきらかにされた古えの道の本質に従って、さらに所与に対し共感をもって肯定し、すすんでその意味を体得するという、全宣長学を一貫する方法によって、その時々の上の掟《おきて》に対して物のあわれをしる心をもって処する、すなわち、自発的に服従し積極的に奉仕するというところにあったと考えられる。

まことに「物のあはれ」の説は全宣長学的特質であったのであり、「物のあはれ」を知る心こそは、宣長がすべての人に求めてやまぬものであった。この心は上古においては生れながらの真心であり、ただの事実であったが、「後世」にあってはその「後世」的自然のままには存在せず、「後世」的論理に従って自ら漢意《からごころ》を去るという特別の操作を必要とした。

物のあわれをしる心とは結局心の態度・心がまえを示す言葉であったが、また同時に、それは宣長にとっては認識の核心であり、物のあわれをしるとは唯一の認識の方法であった。

彼は自らの心をこの心に化せしめて、古えの道を明らかにするために、直ちに『古事記』について大著『古事記伝』を完成せしめたが、その他すべての自己の周囲にこの心を以て対し、その人間論・政治経済論を構成したのである。

私は頭書の問題関心に従い、本論において平田篤胤を取扱う必要から、以上に宣長学の学問的・方法的な性格を説明し、この意味で宣長学の核心となるべきものを明らかにすることができたと信ずる。

そこで次項においては、むしろ宣長学を外側から扱い、かかる思想が中期徳川社会に登場した事情を考察し、同じく平田学究明の準備作業としたいと思う。

2　宣長学の社会思想史的性格

主情主義的人間観

『あしわけをぶね』につぎの有名な言葉がある。

さて人情と云ものは、はかなく児女子のやうなるかたなるもの也。すべて男らしく正しくきつとしたることは、みな世間の風にならひ、或は書物に化せられ、人のつきあひ、世のまじはりなどにつきて、をのづから出来、又は心を制してこしらへたるつけ物也。もとのありていの人情と云ものは、至極まつすぐにはかなくつたなくしどけなきもの也。

人情こそが人の真実だというのである。これが宣長学の出発点であり、終までその中核をなす考えであったことは前節から知られるであろう。

「事しあればうれしかなしと時々にうごくこゝろ」が人の情なのであるから、情を中心としてみられた宣長的人間は、常に外的条件に対して反応するものとい

宣長の政治観

う基本的には受動的な性格において、特徴づけられており、この人間を外側から観察するに当っては、その反応の仕方こそが問題となる。

これがそのままに政治観につながっていく。すなわち、宣長学における支配の理論は被支配層が上からの政治に帰服するか否かに関《かか》わって構成されているのである。

彼はつぎのように考える――近頃では、上からの命令があっても下の方ではいい加減に心得て守らない者が多く、また、しばらくの間は守っていても、そのうちに行なわれなくなってしまうということが一般である。一度出された法令が長く守られないのなら政道はたちえない。にもかかわらず、このごろのように法令が守られないというのは何故か。それは第一に命令を出し放しにするということによる。命令を出しただけで、それを守っているか否かをも調べない。またそれに違反しても咎められないというのでは、法度はたたないのが当り前である。第二には上から下に対して出された約束が守られないということである。重職にある役人が出した証文さえ役にたたないことがあるのである。「すべて、かやうに下に対して上の信なき事多きときは、下民も上の仰せをつつしまず、おのづから軽《かろ》しむる心いできて」命令をも守らないようになっていくのである。また、どのような命令であっても、その内容が「道理のつみたること」、被治者に納得されうるものでなくては彼らが心から帰服するということはないものである。「いささかにても、上の勝手にまかせて尤ならざる事のまじる時は、うはべこそ威勢におそれて服せるやうなれ、内内にてはあざわらひて、中中帰服はせず。かやうの事も、上をかろしむる端となる事なれば、よくよく心すべきこと也。とにかくに下の上を恐れずかろしむる心のあるは、第一に宜しからざる事ぞかし。」

これは天明七年（一七八七）、宣長が紀州侯の諮問に応じて著わした、その政治についての意見に関する書『秘本玉くしげ』の一節であるが、ここに宣長学政治理論の要諦《ようてい》が語られていると考えられる。

ここでは、主として下からの帰服を確保するために、上が下——情を中核とした人間である被治者——の実情を知るべきことが語られているが、このことがいわれる背後には支配者が「後世」心から漢意を去って、真心＝物のあわれをしる心を涵養《かんよう》することを、支配者に対して要請しているという事実がありありと看取される。

この宣長学的論理からして、「惣じて国の治まると乱るゝとは、下の上を敬ひ畏るゝと、然らざるとにあることにて、」といわれることは当然であるが、これまた単に下の上に対する心の態度をだけ独立して問題としていると考えてはならない。彼はすぐこれにつづけて、「上たる人、其の上を厚く敬ひ畏れ給へば、下たる者も、又つぎ〳〵に其の上たる人を、厚く敬ひ畏れて、国はおのづからよく治まることとなり。」（『玉くしげ』）というのであって、ここでも物のあわれをしる心という徹底的に非規範的性格をもつものが、一種の規範としての意味をもって、心の態度がひろく一般的に、もっとも深い問題として扱われていることを知るのである。

「物のあはれ」的政治論

現実政治論についても、彼がこのように心の態度にのみ関《かか》わって論を進めるということは、宣長学における道(制度・習俗)の非規範的性格に由来するものである。

これまでに説明してきたような宣長学的な心の態度から考えて、上から下へ敷き施されるという道の本質にはずれない限りは、現在する秩序・制度がそのままに随順すべき対象としてみられることは疑う余地がないであろう。

今の世は今のみのりを畏みて　異《け》しきおこなひ行ふなゆめ　(『玉鉾《たまぼこ》百首』)

東照《あづまてる》神の命《みこと》の安国と　しづめましける御世は万代《よろづよ》　(『阿麻理《あまり》歌』)

やす国のやすらけき代にうまれあひて　やすけくてあれば物思ひもなし　(『玉鉾百首』)

これこそが物のあわれをしる宣長の自然の心境であったのである。

また彼は、「世中は、何事も皆神のしわざに候。是第一の安心に候。」（『鈴屋答問録』）という。

現実徳川体制をそのままに肯定し讃える宣長の心境は、正にこの安心とつながっている。徳川体制は、その内容的な意味からうけいれられたのではなく、今の世は今のみのりを行なうという宣長的な心の態度から肯定されているのである。そこから「とき〲の御《み》のりも神の時々の　御ことにしあればいかでたがはむ」（『玉鉾百首』）ということの意味のうちには、現在の政治形態が変化すれば、これをもまた神の御命《みこと》として肯定するということが論理的に含まれると考えられる（丸山真男「近世儒教の発展における徂徠学の特質並にその国学との関聯」第四節参照、『日本政治思想史研究』所収）。

宣長学の政治的機能

それ故、宣長の思想は現在の徳川体制固守の思想とはなりえない。しかし、その思想は現実には、下の上に対する積極的服従を専ら説くものとして、結果としては徳川体制保守の機能を最大限に発揮するものとなる。

これは宣長学の核心部を精神態度としての「物のあはれ」を知る心が貫流し、その当然の論理的結果として道から規範的性格が除去されていることの効果である。

この政治的効果の側からみるならば、宣長学は上からの法的規制のみによっては、農民の公儀に対する忠順を確保しえなくなった段階、すなわち、すでに農民の存在が政治的ファクターとして無視しえなくなった徳川中期において、法令による教化によってではなく、上からの命令を神の御命《みこと》とみることによって、批判を許されない絶対的規範と化せしめることを通じて、直接に被治者の情に訴えることによって上に対する随順を説き、下から政治を基礎づけて、徳川体制を救済しようとする点に、その政治思想史的特質が見出されるという（松本三之介『国学政治思想の研究』）。

それ以前の国学の歴史的意義に関する研究が、殆んど日本思想史における封建から近代へという歴史的径路にはめこんで行なわれ、そこに近代への萠芽を見出すと同時に、その限界を発見するという解釈に終るのを一般としていた当時においての、この松本説が担う学説史的意義は極めて大きいといわねばならない。しかし、以上に観察してきた「宣長学」——それはほんの骨格にすぎないが——からすれば、それは宣長学のプロフィルといわねばならないようである。

かくして、私は以下に他の半面からの考察をも通じて、宣長学の性格をあきらかにしたいと考える。

なぜ宣長はその学問を和歌からはじめたか

宣長の学問が和歌の道についてはじめられたことはすでに述べた。まず、その動機から検討しよう。

これについては、京都遊学時代の宣長が儒学の師、堀景山の同門である清水吉太郎に宛てた書簡に自ら述べたものがあるから、それを紹介しておく。

「足下、僕の和歌を好むを非とし、僕も亦足下の儒を好むを非とす。」それは何故かというに、儒は聖人の道、すなわち治国平天下の、そして民を安んぜしめるための道（教え）である。「私有自楽」する所以《ゆえん》のものではないからである。吾々には治めるべき国も安んずべき民もないではないか！　それならば聖人の道を学んで一体何をしようというのか。「己が身を修むるが如き瑣瑣《ささ》たる、奚《なん》ぞ必ずしもこれを道に求めん。」……このように吾々にとっては、かりに道を明らかにしたところで、これを用いるところがないのである。だから孔子が曾晳《そうせき》に対して答えたところをよく考える必要があるだろう。曾晳は孔子の門人である。「而して其の楽しむ所は先王の道に非ずして浴沂《よくき》詠帰《えいき》に在り。……僕、玆《ここ》に取る有りて和歌を好むに至る。」（宣長の書簡は全て原漢文）

ある時、孔子がその門人、子路《しろ》・曾晳《そうせき》・冉有《ぜんゆう》・公西華《こうせいか》に対して、もし、お前達を大臣に取立てようとする王があったとしたら、何をしようとするか、ときいたことがある。この時、子路たちはそれぞれ政治上の抱負をいってこれに答えたが、曾晳だけはつぎのようにいった。〝数人の青年と共に流れに沿《そ》って散歩し、丘にのぼって涼風をうけて、しかして後、歌をうたいながら帰っていく、(『暮春春服既に成り、冠者五六人・童子六七人を得て沂に沿(浴)ひ、舞雩《ぶう》の下に風《いた》り詠じて帰らむ。』)これがわが望みである〃と。孔子は嘆声を発し、同感であるといったという(『論語』先進第十一)。

ここには宣長が、自分の社会的地位から考えて、本質において政治的な儒教を学ぶことは、自らにとっても意味がないとし、その生き方を上からの支配の道に求めず、個人的な和歌の道に求めた事情が語られている。これだけから考えると、宣長は自己の地位からして、儒教を学ぶことに絶望し、結局は現実から逃避して風雅の世界に生きようとしたとうけとられるかもしれない。しかし、宣長がこのように自己の針路を決定する経路には、儒教に対する宣長的判断が介在する。

儒教における政治的レアリズムの否定

すなわち、彼は右の書簡の中で儒教についてつぎのようにいう。

孔子は、聖人といわれる文王・武王・周公といった人の時代からそれほど時を距てないで世に現われた。そのころは、これら先王＝聖人が定めた礼楽・

刑政(政治の制度や日常的習俗)がまだ残っている状態だったのである。にもかかわらず、これら先王の道(礼楽・刑政)を行なう努力はついにみのらなかった。そこで孔子は晩年になって、それを諦め、これらの道を編纂して六経《りっけい》として後世に伝えようとしたのである。聖人といわれるほど徳の高い孔子にして、その上、先王の時代にこれほどちかい時においてすら、この道を天下に行なうことができなかったのだ。それであるのに、この後、子思《しし》・孟子の一派から程子《ていし》・朱子といった宋代の儒者までが、「皆能く先王・孔子の道を以て自ら任じ、而して倨傲僻遠《きょごうへきえん》以て人に驕溢《きょういつ》す。唯だ弁論のみ是れ美にして、未だ嘗て秋毫《しゅうごう》も天下を益せず。」である。わが国の伊藤仁斎(寛永四—宝永二 一六二七—一七〇五)とか荻生徂徠(寛文六—享保一三 一六六六—一七二八)などの儒者もこれに異ならない。

このように、宣長が和歌の道に専ら進んでいったことの前提には、政治の道としての儒教が有効性を持ちえないという見解が含まれている。しかしまた宣長はこうして次第に自己の進路を制限し、その窮余に和歌の道を見出したのではない。もちろん、彼は和歌の道は基本的に私有自楽《じらく》の道であり、聖人の道は安《あん》天下の道であるとしてはっきりと区別する。だが、その和歌の道への接近の背後には、「凡《およそ》吾神州に生れて和歌を非謗するは、天《そら》をそろしく物体《もったい》なきこと也。」(『あしわけをぶね』)という伝統意識が流れ、また儒教がすでに政治的有効性をもちえないと断ずる裏面には、政治的に有効な道が模索されることは心理的当然であろう。彼が終生、儒仏の教えに対置して別な道をたてようとしなかったことは、すでにして説明したところであるが、宣長学の社会思想史的性格を究明しようとする者にとって、つぎの一節は見のがしえないところである(これも同じく清水吉太郎宛の書簡の一部であり、宝暦年間に書かれているが、前引のものよりは後のものである)。

足下は人にして礼儀を知らぬは禽獣のごとしといい、そのために聖人の書を読んで道を明らかにして後、禽獣たることを免かれようとしている。何という迂遠なことだろう。異国人とはそういうものなのかも知らないが、わが神州はすなわち然らず。「上古の時、君と臣と皆其の自然の神道を奉じ、而してこれに依て、身修めずして修まり、天下治めずして治まる、礼儀自《おのづ》から有りて存す、又奚《なん》ぞ聖人の道を須《もち》ひんや。」

ここに宣長は自然の神道を全生活的中心とする君臣和合の上古の世界を誇らかに儒教的原始社会観に対置してみせる。宣長が心にふかく抱いた核心的問題は、もともと清水吉太郎とは完全に異なっていた。彼の心は自然の神道のうちに含まれる和歌の道を通じて、はるかに上古的理想社会へつながっていたのである。彼がこういう仕方で上古的社会の姿を示したということは、彼がいわば無自覚的に政治論を行なったということである。ここに宣長学の政治論・政治的ユートピア論への直線的関連が存在する。

宣長学における政治的ユートピアはつぎのごとくである。

まづ上古に、天皇の天下を治めさせ玉ひし御行ひかたは、古語にも神随天下《かむながらあめのした》しろしめすと申して、たゞ天照大御神の大御心を大御心として、万事、神代に定まれる跡のまゝに行はせ玉ひ、其中に、御心にて定めがたき事もある時は、御卜《みうら》を以て、神の御心を問ひうかゞひて行はせ給ひ、惣じて何事にも大かた、御自分の御かしこだての御料簡をば用ひたまはざりし。これまことの道の、正しきところの御行ひかたなり。其時代には臣下たちも下万民も、一同《いっとう》に心直く正しかりしかば、皆天皇の御心を心として、たゞひたすらに朝廷を恐れつゝしみ、上の御掟のまゝに従ひ守りて、少しも面々のかしこだての料簡をば立ざりし故に、上と下とよく和合して、天下はめでたく治まりしなり。

(『玉くしげ』)

これは上古に歴史的＝一回的にのみ実現した世界であるから、これを現実の政治目標として考えるべきものではない。いや、そのように現実具体的な目標を構成しないのが宣長学の特質であった。さきに彼が清水吉太郎宛の書簡で示した上古的世界と、この『玉くしげ』における上古の世界との間には、明和のはじめに起稿したといわれる『古事記伝』なる成果によって代表される、宣長における文献学の成立という重要なる事情が存在している。

宣長学における文献学の意味

宣長が明和二年（一七六五）八月四日付の谷川士清《ことすが》（宝永六―安永五 一七〇九―一七七六）宛の書簡の中で、「自分は契沖によって、直ちに古書について学ぶことを教えられ、これによって自学して詠歌の大体を得たが、その後もますます古言を求め、その源に遡り、『古事記』『日本書紀』を読んで日夜怠らず、」

「久しくしてこれに熟し、古言に通暁す、則《すなは》ち古典の旨亦《また》明らかなり。是《ここ》に於てか、宇宙豁然《かつぜん》として、たまたま大直日《おほなほび》の光を見る。乃《すなは》ち首《かうべ》を回《めぐ》らして看《み》れば、則ち神典の諸註家の謬誤《びゆうご》亦た瞭然として、これを掌《たなごころ》に指すが如し。因つて謂《おも》へらく、歌学者は以て神典を学ばざるべからず、神学者は以て歌書を学ばざるべからず、と。」

といっていることから、その事情はわかるであろう。

ここに彼が、その理想的な政治形態と民族的生活の伝統の源泉とを、文献学というもっとも実証的な学問で連絡したということは、宣長がその著『玉くしげ』に示した上古の世界を単なる無何有郷《むかうきよう》（ユートピア）として夢想したにとどまらず、それを事実として確信し、民族的伝統の源としてみることによって、現在に生きる理想たらしめていたことが考えられる。この理想的な共同体的政治形態が、その社会を構成するすべての階級に属するすべての人の心の態度のみに即して描かれていることに、もっとも注意を払わねばならない。

すでに、治者的立場を自覚的に放棄した宣長にとっては、下たる者が「穏《おだひ》しく楽《たぬ》しく世をわたらふ」ことにこそ重点があったのである。このような展望をもったからこそ、かの大著『古事記伝』を生むまでのエネルギーが放出され得た。まさしく歌学から古道の学に至る宣長学の展開過程は、本居宣長の全人間的・積極的活路であった。

かくして、宣長は自覚的・自発的に自己の立場を限定して、下たる者の立場から政治論を展開したが、また、そのことは民族的生活の伝統的精神の発掘と表裏をなして行なわれたものなのである。

客観的にみれば、あらゆる上の支配に対し絶対的随順↓自発的奉仕と、ただ服従を説く宣長学も、宣長的立場からいえば、民族的伝統を核としての下たる者＝人民の生活を積極的に基礎づける理論となる。その、どちらの側からみるにもせよ、宣長学は徳川思想史上、画期的な意味をもつものであった。

宣長学形成の思想史的環境

宣長の思想が被治者人民の心情を中心に形成せられたことをのべたが、いかなる仕方にもせよ、被治者たる人民の立場からする政治思想が現われたということは、支配層と被支配層との相互信頼という政治的共同体の幻想が崩壊したことを示し、人民の政治的地位の相対的上昇を物語る。

　このような趨勢を逸《いち》早くとらえて、上からの支配に対応してうごく人民の心情→意志を実際政治上の不可欠な要素として、その政治理論をつくりあげたのが荻生徂徠である。

荻生徂徠の政治論

　荻生徂徠がその主著『弁道』『弁名』を著わして、その斬新《ざんしん》な理論を展開した時期は恰《あたか》も将軍吉宗の治世（享保元―延享二 一七一六―四五）であり、幕府が主としてその経済的状況から改革を余儀なくされたときであった。吉宗はこの徂徠を近づけて、その政治・経済についての見解をきいたが、それは『政談』なる書名で世に知られてい

荻生徂徠肖像

支配者の意志から独立した被支配者の意志

る。徂徠は『政談』において、その実証的・即物的方法によって当時の社会状態を適確に把握し、支配者の立場からの対策を考えた。ここでもっとも注意しなくてはならないことは、徂徠学の政治理論においては、政治が単に支配者側のありかたからだけではなく、上からの支配に対する被治者の対応の仕方を不可欠の要素として論ぜられていることである。

例えば、田畑の永代売買は寛永二〇年（一六四三）に幕府によって禁止されたが、この禁令は事実上、次第に無視されるようになっていった。この事実についての徂徠の見解。

田畑ヲ売買スル事東照宮ノ御制禁也ト云。……百姓ノ田地ハ面々ニ金ヲ出シテ買タル物ナレバ、是ヲウルコト定タル道理也。夫《それ》ヲ売セヌト云事甚キ無理也。無理ナル法ヲ立ントスル故、或ハ譲リタル杯《など》ト名ヲ付、或ハ借金ノ手形ヲ拵《こしらへ》、種々ノ偽《いつはり》是ヨリ起ル。故ニ奉行モ偽ト知ナガラ、法ヲ立ン為ニ是ヲ

許スコト、成、……（『政談』四）

いかなる法も政治も、被治者の同意なしには崩れずにはすまないという考え――支配者の意志から独立した被治者の意志が存在すること、従って被治者の意志そのものが支配の客体となりうること――がこのうちに語られている。「民に信を失ひ候は悪敷《あしき》御事に候。民上を信じ申さず候へば、上に服せぬ物に候。……君も民に信ぜられ申さず候へば、政は行はれ申さず候。」（『徂徠先生答問書』）である。

このことは、それ以前の政治論が例えば林羅山（天正一一―明暦三 一五八三―一六五七）の『春鑑抄』に、「論語、上、義ヲ好メバ則チ民敢テ服サヾルコトナシト、孔子モ云レタゾ。君タル人ガ義ヲコノメバ、下万民モ、尽ク帰服シテ、ソノ君ヲイタヾクコト、日月ノゴトクスルゾ。」といっているのからも分るように、被治者の心を得るという儒教政治論の基本課題をめぐって、支配者の精神的動向がそのままに下万民の動きを規制すると考えること、支配者の意志から独立した被治者の意志が無視されていることにおいて成立っているのと比較すれば、その特質は鮮《あざや》かに分るであろう。

従前のしきたりにかえて、新政策が行なわれようとしていた享保期においては、これは時を得た進言というべきであろうが、また農民を中心とする被支配層の政治的世界への登場を事実に即して鋭敏にとらえ、これをその政治論のなかに反映させたものといえるだろう。私は、後年、本居宣長が人民的立場から支配層に対して発する政治的要請が、ここに上の立場から、先取《せんしゅ》せられているのをみる（四九―五〇ページ参照）。

徂徠学政治理論の主要な課題は、すでに政治的要因として見のがすことができなくなった被支配層の意志を、支配者の側からいかにして操作するか、であり、人民の心を支配して彼らをして上を信ぜしめる方法をあきらかにすることであった。この問題をめぐってその政治理論が展開される。

被支配層の心情を政治的テクニックによって操作しようという政治理論は、支配者と被治者との間の信頼関係なる虚構が自覚されることを前提として成立つ。

権威社会の崩壊と宣長学

荻生徂徠の思想はこの状況を上から救済して権威社会を回復せんとする指向において形成された。宣長学はこの思想を下たる者の側からうけついだものということができる。すなわち、上下の相互信頼に基づく政治的共同体の虚構が、被治者的立場から自覚された場合、権威は権威たることの政治的機能を停止し、被支配者＝人民はそれ以前のように、無意識のままで支配に服従することができなくなる。ここで問題となるのは、いかにして支配すべきか、ではなくて、いかにすれば安定的に支配されうるか、である。ここでは当然に問題は徂徠が示すような政治技術的問題とはならず、権威社会・政治的共同体の再現の要請、問題としては、自己の、すなわち、支配され服従する者の精神態度の問題となって現われる。超「権威」(旧来の)的権威(の創造)による「権威」の復権を理論的頂点として、いかにして穏《おだひ》しく楽しく生きるか、という実際生活における心の態度のありかたを定める、いいかえれば被治者としての立場における精神のあり方を規制する思想が右の問題解決のために成立する。宣長学の政治理論は正しくこれに該当するものである。

宣長学形成の社会史的環境

宣長がその思想を形成し成熟させていった宝暦（一七五一―六三）以後の時代は、被治者、主として農民の消費生活の程度が上昇していった時期であることは、しばしば農民が奢侈《しゃし》に赴いたとして、「百姓共猶更少々たりとも奢候事これ無く、古代之儀忘却致間敷《まじく》候。」（天明八年一二月）といった奢侈の禁令が出されていることから知られる。人民の具体的・心理的状況をレアルにとらえて、被支配層を心理的・社会的に安定させるべき支配の技術が停滞して、生活を向上せしめつつある農民の動態を把握しえず、そこにギャップが生ずる場合には、当然、そこに政治意識が発生しかつ成長し、上からの支配が納得されない場合にはこれに服従せず、ついには反抗する。この形勢が次第に成長していったことは、強訴《ごうそ》・徒党禁止の法令が明和四年（一七六七）・六年・七年・八年・安永六年（一七七七）・天明三年（一七八三）と幕府からあいついで出されていることから、逆に推察することができるであろう。

この時代に農民の反抗の勢がはげしかったことは、支配者側の政策と関連する。

田沼時代の政策

当時は有名な田沼意次《おきつぐ》の執政時代であって、老中田沼意次とその一派は幕政を専断し、もっぱら商業資本との結びつきを深め、その財力を頼みとして種々の新しい施策を行なった。印旛《いんば》沼・手賀《てが》沼の開発、薬研《やけん》堀・中洲の築立、蝦夷地の開発、秤量《ひょうりょう》貨幣から表記貨幣への通貨の改革、外国貿易の増進である。これらは政策としては大いに進取的なものであったが、その財政的な基礎を伝統的徳川体制の基礎である農民・農業を軽視して、商業資本にもとめたこと——それは主に株仲間・座からの運上金であり、その運上の差出しを条件として、それぞれの事業の独占を認められた商業資本の活動は生産力の発展を結果せず、経済過程をしめつけて独占的利益を吸いとる一方、貨幣経済を農村に浸透せしめて、それを荒廃せしめる結果をみちびいた——と、あいつぐ天災によって殆んど失敗に帰し、幕府の財政状態は危殆《きたい》に瀕する。こと

田沼時代末期の状況

に東北地方には広汎に飢饉が起り、天明四年には「仙台にて餓死したる人四十万にみてり、津軽も、二三十万人死せり。」（『宇下人言』）といわれる有様で、物価は高騰し、全国各地に一揆・強訴が頻発する。天明六年八月ついに田沼は職をしりぞけられるが、その趨勢は不変で、翌七年にはうちこわしが江戸に勃発するに至る。

松平定信はこのことについて、「天明未《ひつじ》（七年）六月参勤之比《ころ》、米価俄に高直に成、江戸おもては、一両に二斗までに成りしかば、かろきものどもくらしかねて、御府内の豪富之町家をうちつぶし乱暴をせしなり。その比、大阪・長崎・堺ならびに国主城下城下もみなそのごとくなりし也。ここによつて天下の御政に欠事も侍るによつて、かくはなりけらしと、心ある人みな眉をひそめあへり。」（『宇下人言』）と書いている。

松平定信と寛政改革

この松平定信が、翌七月に田沼意次の失政のあとを収拾すべく、老中に起用され、ついで将軍補佐として寛政の改革政治を指導するのである。

定信にとっては、その基底部（農村）において動揺をつづける徳川体制を安定せしめることが至上命令であり、危殆に瀕している幕府財政を救済することが手近な課題であったことはいうまでもないが、現在の政治的状況を治者の責任と考える彼にあっては、なかんずく、下たる者の動向がまず問題となったことは当然であろう。彼が翌天明八年の初頭に当って、「当年米穀融通宜く、格別之高直これ無く下々《しもじも》難義仕らず安堵静謐仕、並に金穀御融通宜、御威信、御仁恵下々へ行届き候」ことを、「越中守（定信）一命は勿論妻子之一命にも懸け奉り候て必死に心願奉」った（江戸霊岸島の吉祥院内歓喜天への願文）ことは、第一に下たる者が正常の状態にかえって、社会が安定化することを眼目としたことを示している。安定化を当時の政治の第一目標と考えた定信の眼からみれば、混乱と動揺をつづけていたのは農村や都市における人民の社会ばかりではなかった。彼は田沼時代末期のイデオロギー的状況をもそれと考えた。

群小の学者たちが「たがひにこれぞ聖《ひじり》のむねなるといふとも、たれか一定すべき。さあらば甲の説を乙はそしり、東の論をば西にやぶりて、かの升《ます》にはかり車につむべきやから、さまざまの説をいひのゝしり、湯の沸くがごとく、糸の乱れたるがごとくなりたらば、たれかこの学を維持すべき。」

（『花月草紙』）

というのが定信の考えである。正しい学問・正しい思想と定まったものがなければ、人はどれに従うべきかに迷い、天下を安んずるための安定した精神状況をうることはできないというのである。

田沼時代のイデオロギー的状況

これに対し、当時の思想界ことに儒学界の実態はどうであったか。享保期に荻生徂徠が現われて以来、天下の儒者は多く踵《きびす》を接してこれに従い、そのいわゆる蘐園《けんえん》学派は思想界における一大勢力に成長した。享保から宝暦に至る間は蘐園学派の全盛時代といわれるが、明和から天明への時期は折衷学の発達によって代表される。

折衷学派といわれるものは、それ以前の学派のように一貫した理論に支えられたものではなく、折衷的な主張をもつ儒者の総称にすぎない。当時、折衷学者といわれた細井平州・冢田《つかだ》大峯・山本北山・亀田鵬斎《ほうさい》・吉田篁墩《こうとん》・皆川淇園《きえん》・片山北海らの儒者は、護園学の影響下にあって、しかし、それを常に批判する姿勢においてそれぞれの学風を形成していった。それ故、そこでは荻生徂徠を祖とする護園の学問をめぐっての論争がにぎやかに行なわれ、日本の儒学史の上でもっとも活況を呈したといわれている。

その他、賀茂真淵・本居宣長が現われて、果敢な儒教批判を展開し、国学を完成に導いたのもこの時代であり、石田梅岩の後をうけた心学者手島堵庵《とあん》の活躍したのもこの時代である。いわゆる洋学についても、田村元雄・平賀源内・前野良沢・杉田玄白ら斯学の先達が相ついで現われ、洋学史上に期を劃する『解体新書』の訳出は恰《あたか》も安永三年

松平定信肖像

（一七七四）に当っている。
定信が憂慮したのは、この活況であったと思われる。そして彼は教えというものは上から下に示すものであって、儒者が勝手に行うべきことではないという考えをもっていた。「異学の禁」（寛政二年五月）は、このような定信の考えの「寛政期的」表現であったということができるであろう。異学の禁とは、朱子学以外の儒教諸学派を禁圧した措置と思われがちであるが、実はそこまでの意味をもつものではない。それが寛政期的なのである。そのことは「学派維持ノ儀ニ付申達」として林大学頭宛に通達された条文を一読すればよく分ることであるので、その全文をつぎに引用する。

「異学の禁令」

朱学之儀は慶長以来御代々御信用之御事にて、已《すで》に其方家代々右学派維持の事仰付られ置候得ば、油断無く正学相励み門人共取立申すべき筈に候。然る処近来世上種々新規之説をなし、異学流行、風俗を破候類《たぐい》これ有り、全く正学衰微之故に候哉《か》、甚相済まざる事に而《て》候。其方門人共之内にも右躰《てい》学術純正ならざるもの折節はこれ有る様にも相聞え如何に候。此度聖堂御取締厳重に仰付られ、柴野彦助《げんすけ》・岡田清助儀も右御用仰付られ候事に候得ば、能々《よくよく》此旨申談じ急度《きっと》門人共異学相禁じ、猶又自門に限らず他門に申合せ、正学講究致し人材取立候様相心掛申すべく候事。

徳川イデオロギー史における異学の禁の意味

異学の禁令が林家の学校（昌平黌）のみにむけられていることは、昌平黌が幕府の官僚としての人材の養成に事実上関与していること、と同時に官許の学問によって官僚が養成されるべきであると幕府が考えたことを意味している。この異学の禁令は徳川幕府における最初のイデオロギー政策であると私は考える。これは封建家臣団中心の考えから発したものであるが、この禁令の意味を考えるに当ってのもっとも重要な点は、異学が流行しその影響によって幕初以来の維持すべき風俗が衰えたのは、朱子学の衰退による結果であると為政当局によって考えられたこと、そして、この形勢を逆転するためには、政治権力としての幕府が朱子学を正学として宣言し、その幕府の方針にそって学問が行なわれることが必要と考えられたことである。政治におけるイデオロギーの有効性が自覚されたわけである。

以上からして、異学の禁といわれる政策が政治権力によって正統的イデオロギーと認定された朱子学により、幕府官僚を思想的アナーキーから救済し精神的支柱を与えることによって、これを錬成し支配の体制を回復しようと意図したものであることは明らかである。

異学の禁なる政治的行為に対する批判者の一人、冢田大峯は、朱子学が慶長以来、すなわち家康の代から幕府で正学として遇されてきた事実はないと指摘しており（『大峯意見書第二』）、それは、正しく事実であるが、これまた政策としての異学の禁の意味を明瞭ならしめる。

幕府官僚に対し一定の思想を教えとして上から与えて彼らの精神的支柱たらしめようという意図は、百花繚乱《りょうらん》たる天明末期の思想的アナーキー的状況を推察せしめるとともに、寛政段階に至ってはじめて政治権力によるイデオロギーの正統化が企てられたことは、この時点において旧来の政治的方法によって徳川体制を安定化へと導く自信が喪失したことを暴露するものである。

だが、当時宋学を好んで、しかも、博覧文字詞《し》藻《そう》あるもの僅かに三人といわれる（赤松滄洲から柴野栗山宛の書簡）朱子学を突然上からおしつけてみたところで、一体どういう効果があるのだろうか。果して、この禁令にもられた実質的な意図は果されない。

しかし、幕府の意図とそれがもつ歴史的な意味は無視することができないのである。

「朱子学」を正学とすることは、それ自体、朱子学がその政治体制に適応する思想でないことを示している。すなわち、この段階では、支配層はレアルな支配の理論は有していなかったと私は考えている。

すなわち、朱子学を正学とした宣言と、これに基づいて幕府官僚を朱子学を軸として養成し統制しようとした学問吟味なる手段は、定信の退職後もつづけられていく。

一方、江戸幕府は寛政三年（一七九一）になって、はじめて庶民教化のための機関、麴町教授所を建て、ついでそれを発展させて天領美作国久世（岡山県真庭郡）に典学館、備中国笠岡（岡山県笠岡市）に敬業館、享和二年（一八〇二）武蔵国久喜（埼玉県久喜市）に遷善館などの農民教喩所がつくられ、この農民をイデオロギー的にも教化しようとする機関は幕末にちかづくに従って増加する。また、庶民の子弟の教育機関である寺子屋も寛政期を境として急増するのである。

荻生徂徠が徳川体制の危機を身に感じつつ、その政治理論の中心的問題としてとりあげ、為政者の注意を喚起しようとした、被支配層の意志が支配者のそれと独立であるという見解にもとづいての、人民の心の支配ということが、幕府当局者によっては、ようやく寛政期にはいってとりあげられたのである。

宣長学形成の社会的契機

このように寛政期は徳川のイデオロギー史において注目すべき時であったが、幕府の異学の禁令に対して、冢田大峯・亀田鵬斎・山本北山・市川鶴鳴・豊嶋豊洲らの江戸の五鬼といわれる儒者は、公然これを批判してやまなかったことを、山鹿素行がいらざる書物(『聖教要録』)を著わしたとして赤穂へ配流されたこと(寛文六年一六六六)に、思いあわせるならば、幕府権力の実質的な低下は蔽うべくもないであろう。また、これが逆にイデオロギー正統化をもたらした状況だったのである。

宣長学の形成に当っては、支配層がレアルな支配の理論を完全に喪失していた、この思想的状況を前提として考えなくてはならない。幕府が御家人《ごけにん》たちに精神的なよりどころを与えざるをえなかったように、不断に政治的地位をいわば不識のうちに向上せしめつつあった被治者＝人民は、その混乱せる政治的・社会的状況において、自らの生き方を模索しなくてはならなかった。このことは、いまここにのべた事情にあらわれている支配者側における支配に対する自信の喪失と表裏する。

宣長学はこの人民的努力の一表現と考えられる。その理由についてはすでにのべた（五九―六四ページ）。しかも、彼は民族的生活の伝統発掘という使命感に支えられて、いかに生きるべきか（↓穏しく楽しく生きる）、をあきらかにしようとしたのであった。そのために彼は政治をすべて下たる者の立場から考え、上に対しては支配の具体的方法・心がまえの改善を願い（『秘本玉くしげ』）、下に対しては服従と奉仕を説いたのである。

右にみたような宣長学の課題と方法と成果を、ややおくれてこの世に現われた平田篤胤はどのようにうけついでいったか。これが次節以下の課題である。

三　宣長学接触以前の篤胤

1　江戸に出るまで

出生

平田篤胤は安永五年（一七七六）、出羽国（秋田県）秋田郡久保田（現在秋田市内）で生れた。幼名は正吉、その父は秋田藩大番組頭、大和田清兵衛祚胤（祿高一〇〇石）で、彼は第四子である。

篤胤は二〇歳まで、この土地ですごしているが、後年「抑々《そもそも》我等身の上を幼少より思惟《しい》するに、生れ落《つる》より父母の手には育《て》られず、二十になる正月の八日に、かねて五百文こしらひ置きたる銭を以て、書置をして欠落《かけおち》し、江戸へ出たが、寄る辺なく、とんだ難儀をせしことは、兼て話しの通り也。」（平田鉄胤宛書簡天保一三年一一月二日付）といっ

脱藩して江戸へ出ること

ていることから、直接、両親の下で養育されなかったものと考えられる。

この手紙にもあるように、寛政七年(一七九五)二〇歳の時に篤胤は脱藩して江戸に出た。この間、彼は八歳の時から崎門《きもん》系の藩儒、中山青莪《せいが》について漢学を、また一一歳にして叔父、柳元《りゅうげん》の許で医術を学び、玄琢《げんたく》と称し、また元服して胤行といったという。

この江戸出府の事情について『大壑君御一代略記《だいがくくんごいちだいりゃくき》』(以下『略記』と称する)には、「大きに憤激し給ふことあるに依て俄に志を起し、今年正月八日、遺書して国を去り、諺《ことわざ》に正月八日に家を出たる者は再び帰らずと云とぞ、資費僅に金一両を持て江戸に出給ふ。故有て藩に寄らず、朋友をも恃《たの》まず。」と書かれている。が、鉄胤《かねたね》にもよく分っていなかったようで、彼は同じ項の終りに、「(篤胤が)予が一代記は、自から記《す》べしと、常には宣《のたま》ひしかど、其暇无《な》くして、終《つひ》に成し玉はざりき、いと口惜し。」と書き加えている。

篤胤出府の事情については、継母の虐待に耐えかねて出奔したという伝説が一般に行なわれていたが、のち篤胤の生母は享和元年(一八〇一)に死去したことがわかったので、この伝説は否定された。しかし、彼が自ら「藁の上より親の手のみには育てられず、乳母子よ養子よと多くの人の手に渡り、二十歳を過るまで苦瀬に堕《おち》た。」(『仙境異聞』)といっていることから、継母というのは養家の養母であろうともいわれている(沖野岩三郎『平田篤胤とその時代』)。

このことについては、篤胤が自らなんらかの理由で、秋田藩にとどまることを欲せず、脱藩したという以上にはわからない。ただ、これまでは専ら家庭的な事情にその原因が求められてきているが、当時の秋田藩の情勢について考えてみることも必要であろう。

篤胤の少年時代における秋田藩情

秋田藩(二〇万石)は元禄・正徳ごろに財政難に陥る。その救済策として藩では、藩士の知行借上《かしあげ》、領民からの米金の強制的借上を連年行なったが、そのため藩士の困窮と不満は深刻化し、農民は窮乏し商業は不振に陥って、財政の救済策がさらに大きい財政難を招きよせる結果となった。これに対し藩主佐竹義峯は今宮義透を登用し、一般的な倹約の励行、勧農政策、貢租の増徴、銅による鋳銭からの収益を期待するなど、藩政の刷新を企てたが藩内の支持を得ることができず、新政策は廃止され改革は失敗に帰したのである。そこで藩情はますます混乱し、義岑の後継者の選定をめぐって、いわゆる御家騒動が起る。また成上り者といわれる那河《なか》忠左衛門が中心となって、藩札《はんさつ》の発行によって財政の建直しをはかったが、札元《ふだもと》と結托して私曲が多いとされ、銀札の実勢低下と贋札《がんさつ》の横行に苦しむ領民は札元を襲撃するに至るのである。このような経済的・社会的な不安定状態は当然に藩内の政争を激化させ、宝暦七年には藩主の一族、佐竹義智が謀叛を企てたという密告が行なわれて藩内は騒然とする。この騒動は那河忠左衛門以下多数の死罪者を出し、また銀札を廃止することによって一応おさまるのであるが、これでは元祿以来の藩財政を中心とする秋田藩の当面する問題はなんら解決されておらず、さらに経済的危機が深まっていくことは当然であろう。明和と天明に凶作・

飢饉が連続的におこったことは、その勢いに拍車をかけた。そして、ついには参覲交代の費用を調達する当てもなくなり、上方の富商にも蔵元を引うけようという者がなく、家老たちは責を負って辞職するという有様となる。

そこで藩主義敦自ら藩政の整理に着手し、倹約を実行させる一方、平賀源内を招いて産業の開発、銅山経営の改善、窮民の救済などを行なったが、その効果のあらわれぬうちに天明五年に死去する。その子、義和《よしまさ》は一一歳でその跡をつぎ、寛政四年から遺志をつぎ発展させて、大規模な藩政改革に着手する。

これが平田篤胤が成長したころの秋田藩政の素描であるが、藩勢下降の原因が克服されることなく、つぎつぎに新しいマイナス要因が追加されていくことに由来する、重苦しい藩情勢と一般的な経済事情が藩士の生活にもその影をなげかけていたことは察するに難くない。彼が少年時代、家庭的に恵まれなかったことも、このことと関係があると思われる。藩情は、このように、極度にわるく、また禄高わずか一〇〇石の藩士の四男である篤胤が志をのべるべき余地はどこにもなく、そこに住み果てるには気力がありすぎた。漸く二〇歳に達した篤胤が、この暗雲のたれこめたような秋田から脱出しようとしたことは、充分考えられることである。

江戸出府当時の篤胤

しかし、寛政七年の江戸は直ちに篤胤の志をのべるような機会を与えなかったのであろう。江戸へ出てきた篤胤がどのような生活をしていたかについてはよく分らない。『略記』には、「唯正義博学の良師を得むとして、諸所遊学して試み玉ひ、或は学事の為に使はれ、或は餬口《ここう》の為に人に雇はれ、又は仮に主取をもして打過玉へること凡そ四五年。其間の辛苦艱難、云ふべきやう無かりきと、後に御自ら語り玉へり。外《ほか》に記録なき故に、その御履歴委《くはし》く知ること能はず。」と述べられている。落着かぬ苦労の多い生活だったであろう、と推察される。

篤胤のこの時代の生活の実態については、いろいろな伝説がある。(1)大八車をひく人夫となった。(2)火消人足となったが、あるとき、その頭が自分の意に逆らった人夫を撲殺したのをみてやめた。(3)市川団十郎の弟子となろうとして、まず、その家庭教師となったがやめた。(4)常盤橋付近のある商店の炊事夫となった。この仕事は用がすんだ後に読書の時間があるのでここに長くつとめていたが、常盤橋見付の番に当った備中(岡山県)松山の板倉周防守に見出され、それから平田家の養子となった、というのである。これらはどれも確かな根拠によるものではないが、とくに(4)は事実のようで、山田孝雄《よしお》・沖野岩三郎ら多くの伝記作者によって採用されている。

平田家との養子縁組

そのような生活が四－五年続いた後、寛政一二年(一八〇〇)篤胤二五歳の時に備中松山藩士、平田藤兵衛篤穏《あつやす》の養嗣子となった。江戸において、ようやくにして生活の安定を得ることができたわけである。篤穏は山鹿流の兵学者であったといわれるが、江戸定府《じょうふ》の士で禄は五〇石であった。平田篤胤とは平田家に養子縁組をして得た名前(平田半兵衛篤胤)である。それまでは大和田正吉胤行であった。結婚

結婚

はその翌年、妻は駿河(静岡県)沼津領主、水野出羽守忠友の家来、石橋宇右衛門常房の娘で名前は織瀬《おりせ》(二〇歳)といった。

2　本居入門

篤胤の宣長入門が疑問であること

翌々享和三年には篤胤は宣長学の立場にたって太宰春台の著『弁道書』を非難した『呵妄書《かもうしょ》』を著わして、自ら本居宣長の系列に在ることを明らかにし、その学的生活に第一歩をしるしたのであるが、これと、彼が実際に宣長に入門して門人となったかどうか、ということとは別問題であり、後者については当時から問題があったのである。これが問題となったのは、すくなくとも本居門の直系・主流の国学者たちからみれば、特異な学説に拠る平田篤胤が、のちに国学・神道界の一大勢力となり、自ら宣長の思想的嫡子なることを公言したことに起因するが、彼が宣長の生前に入門したものでないという事実がこれを助けたのである。

この事実に関して『略記』享和元年の項には、「今年春初めて、鈴屋大人《すずのやうし》の著書を見て、大きに古学の志を起し、同七月松坂に名簿を捧げ玉ふ。」とある。当時、篤胤は江戸に在住したが、何らかの事情で――鉄胤は『毀誉相半書《そうはんしょ》』では、篤胤の名が鈴屋の門人中に見えないのは「取次の人に紛れつる事や有けむ、」といっているが――この入門の手続は九月二九日に死去した宣長の生前に間にあわなかったとかつては考えられていた。すなわち、宣長没後の門人とされていたのである。

ところが、後に（昭和七年一九三二）このことを否定するに足る新資料が現われた。それは文化四年（一八〇七）三月一六日付の大友直枝（出羽国の神職、春庭の門人）宛の自筆書簡で、それには自分は宣長死去の翌々年（享和三年）に、はじめて本居宣長の名前を知り、古典の学にはいったと書かれている。

しかし、また篤胤は公開の場では、享和元年に宣長の著書をよみ古道の学にはいったといい（『玉かつま道のしるべ』『伊吹於呂志』）、品川で宣長に対面した夢をみたと称して、これを絵に書かせ、春庭に送って讃を求め、また晩年に秋田藩の役所へ提出した書類には、「享和元、二、六、一、伊勢へ登り本居門人と成事」とのべている。

篤胤は客観的には宣長の門人でないこと

篤胤が主観的な宣長門人であることの事情

篤胤のいうこと自体にこのような矛盾があるが、享和元年入門説には事実の裏づけがなく、客観的事実は大友直枝宛の私信の示すところであると考えられる。しかし、享和元年入門説もこれを虚偽として却けるのは適当でない。

彼は宣長の学問に接してふかくこれに傾倒し、自らその正統をつぐものとの自覚をもつとともに、自分と宣長との間に神秘的な幽契《ゆうけい》、霊的な交通が真実に存在するものと考えるようになる。

さて、此の身死《まか》りたらむ後に、わが魂の往方《ゆくへ》は、疾《と》く定めおけり。そは何処《いづこ》にといふに、「なきがらは、何処の土に、なりぬとも、魂は翁《おきな》の、もとに往《ゆか》なむ。」今年先だてる妻《いも》をも供《いざな》ひ、直に翔《かけ》りものして、翁の御前《みまへ》に侍居《さむらひを》り、世に居るほどはおこたらむ歌のをしへを承賜はり、春は翁の植おかしゝ、花をとも〴〵見たのしみ、夏は青山、秋は黄葉《もみぢ》も月も見む。冬は雪見て徐然《のどやか》に、いや常磐《とことは》に侍らなむ。……

(『霊の真柱』下)

これは平田神道における幽冥観（六2参照）をその裏付けとする、宣長との霊的交渉を基礎として、いわば宗教的な境地で書かれたものである。さらに彼は文政六年（一八二三）一一月には山室山《やまむろやま》の宣長の墓に詣で、

をしへ子の千五百《ちいほ》と多き中ゆけに　吾を使ひます御霊《みたま》畏し

との和歌を献じている。このように彼が宣長の門人たることは、霊的な真実、彼の信念だったのである。しかし、現世において宣長に知られなかった篤胤が、可能な限りで宣長に接近する方法としては、享和元年すなわち宣長の死の年の没後の門人と称するほかはなかった。この主張も学的・道《みち》的関係においては、篤胤にとって真実と考えられたから、彼は公的にはこれを主張し、私信においては事実のままをのべたのである。

篤胤の宣長入門についての事実は、このように解釈される。

四　平田学理解の方向

　ここで、本書の核心部である平田篤胤の思想を直接検討するに先立って、どのような見通しをたててこの作業を行うのか、という点について、説明しておこうと思う。

　「二、本居宣長学の性格」においてのべたように、宣長学との関連において篤胤の思想を考察することについては既述の通りであるが、ここでは、さらに一つの問題をとりあげて、それについての宣長と篤胤との関《かか》わり方を比較検討し、そこから宣長学—平田学という系列を取扱うべき見通しをのべようというのである。

「安心」の問題

　「安心」をめぐって。人が死んだ後は、一体その霊魂はどうなるのか。この問題が落着し解決した時、はじめて人は精神を安定せしめて生きていくことができるという考えがある。これが安心（「人々の小手前にとりての安心」）の問題のはじまりである。

ある人が『直毘霊《なほびのみたま》』をよんで、この書物の意には満足したが、ここには「人々の小手前にとりての安心」が書かれていない、これが疑問である。一体あなたはそれについてどう考えるのか、と宣長に問うたのに対して、宣長は「此事は、誰も〳〵皆疑ひ候ことに候へども、小手前の安心とまをすはなきことに候。其故は先っ、下《しも》たる者は只上《かみ》より定め給ふ制法のまゝを受て其如く守り、人のあるべき限りのわざをして、世をわたり候より外候はねば、別に安心はすこしもいらぬことに候。」（『鈴屋答問録』）と答えている。

要はその心がまえであって、魂の行方を知るというようなことは不要だというのである。これが安心の問題についての宣長の断定であり、また、この考えがまさしく宣長的であることは既述からして知られるところであるが、宣長は安心を求めてやまない現実の人情をもよく理解しつつ、さらにこの安心の問題について、その古典・古道の学に即して説得しようとしている。

神道に安心なし、といった場合、それを成る程と合点する人が百人か千人に一人か二人ぐらいはあるけれども、自分の説のうちで殆んど人が承知しないのは、人が死んだ後はどうなるかということで、これが第一に人の心にかかるものである。「人情まことに然るべきことに候。」仏教はこの人情をよくつかんで造りたてたものであるから、平常は仏を信じない者も、「今はのきはに及び候ては、心細き儘にやゝもすれば彼《の》道におもむくこと、多き物に候。これ人情のまことに然るべきことわりに候。然るに神道におきて、此人死て後に、いかになる物ぞとまをす安心なく候ては、人の承引し候はぬもことわりに候。神道の安心は、人は死候へば善人も悪人もおしなべて、皆よみの国へゆくことに候。善人とてよき所へ生れ候ことはなく候。これ古書の趣にて明らかに候也。」

（『同上』）

宣長学では世の中は皆神のしわざであると考えるが、それが第一の安心である。ということは、人間としては根底的には神々の支配に随順することであり、具体的には上からの支配に異和感なく自発的にとけこんで、身をまかせることを眼目とすることである。それ以外にことさらに安心のことについて、あれこれと考えることはないのである。

上古いまだ異国の説の雑《まじ》らざりし以前、人の心直かりし時には、死して後になりゆくべき理窟などを、とやかくやと工夫するやうの、無益のこざかしき料簡はなくして、たゞ死ぬれば予美《よみ》の国にゆくことゝ道理のまゝに心得居て、泣悲しむよりほかはなかりしぞかし。

（『玉くしげ』）

宣長は純粋な心情主義に徹し、道の規範化をあくまで排撃した結果として、徹底的な現実主義者となり、心の安心をもこの現世における生活・心の態度に求め、死後の世界に求めようとはせず、逆にそのような態度自体を儒意・仏意に毒された後世人の悪しき特徴であるにすぎない、という。

この宣長説に対し、この問題をめぐっての篤胤の考えは結論的にいって、全くちがったものである。すなわち、彼は『霊《たま》の真柱《みはしら》』のはじめにおいて、「古学する徒は、まづ主《むね》と大倭心《やまとごころ》を堅むべく、この固《かため》の堅在《かたから》では、真の道の知がたき由は、吾師の翁の、山菅《やますげ》の根の丁寧《ねもごろ》に、教悟《をしへさと》しおかれつる。此《こ》は磐根《いはね》の極み突立る、厳《いかし》柱《はしら》の、動まじき教へなりけり。斯《かく》てその大倭心を、太く高く固めまく欲《ほり》するには、その霊の行方の安定《しづまり》を、知ることなも先なりける。」といい、古学の徒にとって、死後の霊魂の行方を知ることが、現在あるべき状態に心を安定させる（大倭心を固める）ための前提条件である、と主張するのである。

心の安定を得たいという願望が普通・一般のやみがたい人情であることは、宣長によっても認められているが、篤胤にあっては、この願望はきわめて切実なものであった。この願望に答え得るものとしては俗神道すらが羨望《せんぼう》に値いしたのである。

彼は『霊の真柱』下においていて、つぎのようにいっている。

世に、神道者といはるゝ輩《ともがら》などは、其の心の安定《しづまり》は、かへりていさぎよし。さるは、かの妄作《もうさく》神道を弘めし輩、さる人情をはやく慮《おもんばか》りて、かの陰陽五行仏説をもとり合せて、神道を信ずるものは、日之少宮《ひのわかみや》に生るるなど、然《さ》もありげに云ひおけるを、堅く信《たの》み居る故に、最後《いまは》の際《きは》まで、その思ひつめたる心の、変ることなく、いさぎよきもの、神道者には多かるなり。然《さ》るを、わなみ古へ学びする徒《やから》は、この心の安定においては、かへりて、彼等に劣て、怯《つたな》きものゝ有らむと、かへすがへす口惜し。

宣長は「人は死候へば善人も悪人もおしなべて、皆よみの国へゆく。」それが神道の安心というものだ、といい、そのよみの国については、「まず予美《よみ》と申すは、地下の根底に在りて、根国底国《ねのくにそこのくに》とも申して、甚だきたなく悪き国にて、死せる人の罷往《まかりゆく》ところなり。」(『玉くしげ』)と、古典の記事に従っていいきるのであるが、これは、その関心を現実世界に終始せしめる宣長にしてはじめていえることであって、現世における心の安定をうるために、死後の霊の行方を知ることを第一とする篤胤としては、その師宣長のように、「その安心なきぞ、吾が古道の安心」といっていられないことはもちろん、死後の霊の行き先が甚だきたなく悪しき国であっては、現世において心の安定が得られないことは当然であろう。

平田学の特質

かくして、篤胤は現世における安心をうることが当然にできるような、霊魂の行き先を根本的に要請する。それ故、この要請は宗教的なそれである。彼はこの要求を自己の核心部に置きながら、古典を渉猟《しょうりょう》し、それについて思弁し、それらによって天・地・泉《せん》、すなわちトータルな世界の形成を描き出したのである。ここに平田篤胤の国学(平田学)が成立する。

私はいまここに安心の問題を氷山の一角としてとりあげ、宣長と篤胤との、この問題についての扱い方を対比することによって、国学または復古神道における宣長から篤胤への方向を占《うらな》おうとしたのであるが、ここからは、宣長学に触発されることからはじまる平田学形成の全過程を、神道の宗教化コースとして見通すことができるように思われる。

すでにみたように、宗教的要請が核となってここにウェイトがかけられるのであるから、宣長学→平田学という経路では、思想の本質にかかわる相当重要な変化(宣長学の核心である「物のあはれ」の説や、非規範的な「道」の性格についての)が起ることは必至である。

以上が私の大雑把《おおざっぱ》な見通しである。

五　平田学前期の著作と思想

1　初期の思想とその展開の方向

平田篤胤伝の時期区分

宣長学から平田学への国学神道展開の基本コースを右のように考えるとき、篤胤の思想が「平田学」的な色彩をはっきりと帯びるのは文化九年(一八一二)に成った『霊《たま》の真柱《みはしら》』以後である。本節では、それに先立つ時期における篤胤の著作にあらわれる思想を検討したいと思う。

村岡典嗣《つねつぐ》は文化九年以後、篤胤が天保一四年(一八四三)六八歳で没するまでの三〇年間を、篤胤にとっての学問上の後期としているが(『宣長と篤胤』)、また山田孝雄《よしお》『平田篤胤』では文政六年(一八二三)を期として前後にわけている。この年、篤胤は関西に旅行して、はじめて本居大平や春庭とも面会したが、この旅行が鈴屋門への衝撃となって、その中から種々の篤胤論が現われる一方、彼自身はこのとき服部中庸に会って、宣長の遺言なるものをきいて以来、宣長学の正系であるとの確信を深め、また学問の上では新たに諸蕃国の学および易《えき》・暦を研究対象としてとりあげ、その学問の領域を拡大していったのであって、篤胤の学問的生涯にとっての一つの画期である。私は基本的には村岡の見解に賛成であるが、『霊の真柱』から関西旅行前後までの間に、平田学の基本的構成は完成したと考え、これを成熟期(または中期)とし、そ

平田篤胤肖像(東京・平田盛胤氏所蔵)

れ以後を後期とよんでいきたいと思う。

『呵妄書』

享和三年に書かれた『呵妄書《かもうしょ》』が、篤胤にとってはじめての著作である。『略記』には「今年太宰純が著書を見て、大に其不経《ふけい》を憤り、呵妄書と云を著し給ふ。これ著述の始なり。」とある。篤胤が攻撃した『弁道書』は太宰春台によって享保二〇年(一七三五)に著わされた。春台は本書によって、真の道は堯舜《ぎょうしゅん》の道であり、天下国家はこの聖人の道をおいては一日も治まらぬこと、聖人の道が伝わらぬ以前は、わが国には道がなかったことを論じ、この主張に関連して、仏教・神道・朱子学を却けて聖徳太子の言といわれている神儒仏鼎立《ていりつ》説を根拠なしとして否定している。

その中から篤胤は「神武天皇より三十代欽明天皇の頃までは、本朝に道といふ事未《だ》有らず、万事うひ〳〵敷《しく》候処に、三十二代用明天皇の皇子に厩戸《うまやど》といふ聖明の人生れたまひ、……」という聖徳太子の論以下、約三〇ヵ所をぬき出して、それぞれの含む論点について『弁道書』の主張を攻撃し、それに代えて自己の主張をのべたのであるが、その主たる内容は神道に関することで、春台が「日本には元来道といふこと無く候」、儒教によってはじめてこれを知ったといい、また神道について、「今の世に神道と申候は、仏法に儒者の道を加入して建立したる物にて候。此建立は真言宗の仏法渡りて後の事と見え候。吉田家の先代卜部《うらべ》兼倶より世に弘まり候と見え候。」、「日本の神道は又殊に小き道にて、政を妨ることあたはず候。」などといった部分に強く反対してつぎのように主張している。

皇国は天地初発の時から、儒仏の教えの渡来以前から、穏かに治まっていたが、そのことがすなわち真の道が具わっていたということである。この道は他の儒仏の道のように人作のそれではなく、天地の初発において皇神《すめがみ》たちによってはじめられた事実をいい、それは瓊々杵《ににぎの》尊の天降《あもり》の際の神勅にいわれているように、この国は永遠に皇孫→天皇が支配統治すべきことを根本とするのであって、わが国ではこの本質に従って今に至るまで君臣の別が明確に保たれていることが、真の道の存した明証である。神道とはこの道のことをいうのであって、吉田流のそれなどのことではない。それ故に聖人の教え・道を頼りに説く儒教の祖国中国と比較すれば、皇国および皇国の道のすぐれていることはいうまでもない。その道の本質から当然考えられるように、統治の制度——後世の官職に当るもの——は神代以来存していたのであるから、聖徳太子がこれを制作したというわけもなく、ただ漢国《からくに》風《ぶり》に文飾したというだけである。中国では「神」という言葉は現象の霊妙なるを説明するときに用いられるにすぎないが、ここで神というのは記紀の神代巻にみえる諸々《もろもろ》の神々、実在の神をいうのであり、この神々の御所為《みしわざ》は霊妙不可思議であるから、ただ畏れ敬ってうけとるほかはないのである。これら天地の初発以来のことは、今としてはただ古伝によってしか知ることができない。そして正しい伝説は皇国にのみ伝わったのであるから、それ以外の方法――例えば人間のこちたき智慧を本とする儒教の窮理――によっては当然知ることができない。だから儒教でいう天道・天命なども、わが国における実在の祖神の託言・命令とはちがって、仮に上帝・皇天などを称して号令を出し、民心を一定せしめ、罪ある者を伐ち、または逆臣どもが君を弑《しい》して国を奪いとるために、愚民を欺くための空言《そらごと》である、と。

宣長学と『呵妄書』

『呵妄書』における篤胤の主張は宣長の説を出るものではなく、篤胤の学問が宣長学をうけてはじめられたことは、これからもよく分るが、この著作において、篤胤が宣長学をどのようなものとして、うけとっていたかがここでの問題である。それは、『呵妄書』は彼が「皇国に学問《ものまな》ぶこと始りてより千年を二かへりに近かれど、此老翁ばかり正しくめでたき学問のすぢを建たる人ある事なし。」（『鈴の屋の老翁をそしる人々の論』）といった、その正しくめでたき学問をうけてなされた最初の著作であったからである。

宣長の学問が、物のあわれの説を方法的基軸として形成され、膨大な宣長学の髄質がこれによって充たされていることについては、さきに述べたが、『呵妄書』においては、この限りにおける宣長学の受容の認められないことに、まず注目しなければならない。

『歌道大意』

本居宣長においても、物のあわれの説が中心の課題としてとりあげられたのは『石上私淑言』『紫文要領』などの歌論の書であった。篤胤においても歌道についての書『歌道大意』（文化八 一八一一）があるが、文中に「鈴屋翁が説を本と致して、かたはら先達の説また篤胤が思ひ得たることどもなどを採交《とりまじ》へて演説いたす。」というように、その殆んどは宣長の歌論そのままであり、なかには丸写しの部分さえある。そして、篤胤が思い得たることというのは、「物のあはれを知ると云ふことは、先日も申す通り万《よろづ》の事の心を弁へ知て夫《それ》を我が身になしてあはれと思ふことを申すでござる。」と宣長のいうままを繰返したのち、「されば是がすなはち諸越書《もろこしぶみ》にいはゆる仁と云ものだ……」という類のものであって、真に宣長の物のあわれの説を体得したとか、宣長的な方向にそって発展させたとかは考えられない。この『呵妄書』の所論を通して、篤胤が宣長に学んだのは、その結論についてであって方法ではないことがわかる。

職業的国学者としての篤胤の出発

ともあれ、篤胤としてはこの書を著わしたことによって、国学者として世にたつ自信を得たのであろう。翌文化元年、彼は「真菅乃屋《ますげのや》」と号し、はじめて弟子をとって講筵《こうえん》を開いている。

長女千枝

その翌年、長女千枝が生れた。篤胤の子供としては享和二年に生れた長男常太郎と、文化五年生れの半兵衛とがあるが、前者は享和三年に後者は文化一三年に死んでいるので、実際的には千枝が唯一の子である。彼女はのち「おてう」と改名し、文政七年(一八二四)に碧川篤真《みどりかわあつざね》(鉄胤と改む)(寛政一二―明治一五 一八〇〇―一八八二)を婿養子として迎えるが、さらに晩年には母の名を継いで織瀬《おりせ》と改め、明治二一年(一八八八)三月に至り八四歳で没した。

『新鬼神論』

つぎに注意すべき篤胤の著作は文化二年(一八〇五)三〇歳の著『新鬼神論』である。『新鬼神論』は新井白石の『鬼神論』を前提とし、それに対抗することを眼目として書かれた。その事情は平田の最初の門人の一人である中村一匡の跋文によくあらわれているが、篤胤がこの書を著した目的は神・鬼神が普遍的に存在することを証することであった。そのため彼は孔子が鬼神の実有を信じ、さらにそれを崇拝していること、および鬼神は人間によって規制されたりすることなく、無制限に霊異を現わす能力をもつことを多くの実例をあげて論じたのである。

つぎに本書の内容について記そう。中国の古典に上帝・后帝・皇天または天といって甚《いみじ》く可畏《かしこ》き物として書かれているのは、これらの物に意を寓していったのではなく、実物を指していったものである。天っ神が天上《あめ》に坐《まし》まして、世の中の事を主宰《つかさど》り給うことを、中国人も推察していたから、こういうことが書かれたものであるが、後世の儒者は「天者《は》理而已《のみ》」と称し、天とか上帝とかいうのは自然の理を擬人化していったものだなどという。中国でこのようなことがいわれるのは、人間の知性(さかしら)を偏重するあまりではあるが、元来、天っ神が世の中の万事を主宰していることについての真の伝説がないというのが最大の原因である。にもかかわらず、孔子がこのことを知っていた(それは孔子の言葉として『論語』に、「君子は天命を畏る、小人は天命を知らずして畏れざる也」「罪を天に獲《う》れば、禱る所無き也」「天を欺かむや」「我を知る者はそれ天か」などから知られる)のはその非凡さを示すものであるが、吉凶禍福の理については正実の古伝説が失われている当然の結果として、天命・天道などの空理をとくのほかはなかった。しかし、吉凶禍福は人の心の邪正、行ないの善悪によるものではなく、大直毘《おおなおびの》神を中心とする善神、禍津《まがつ》日《ひの》神を代表とする悪神の故で、これらのことはわが古伝説にすべて説かれているところである。それによれば、「世の中は、すべて天神地祇の、奇妙《くしび》なる御所行《みしわざ》」であるが、この神とは宣長が『古事記伝』にいうように、仏・聖人などのような道徳的・政治的人格ではなく、「何にもまれ、尋常《よのつね》ならず、優れたる徳《こと》の有て、可畏《かしこ》き物を」いうのである。それ故に、人は神(々)に対しては祭祀によって福を願い凶を避けるほかに方法がない。鬼神が実在することは、鬼神のたたりなることが実際にあること、また鬼神が祭祀に感応する証があることから知られるのである。

人の生死は陰陽二気の聚散によるもので、聚《あつ》まれば人となり散ずればもとの陰陽の気にかえるという説が、孔子の名によって知られるが、人は死んでからも祟《たたり》をなすことがあるのだから、この説はうけられない。人が生れる原因とか、死んで後にどうなるか、については、古伝説に従って、人が生れることは天っ神の奇《くす》しく妙《たへ》なる産霊《むすび》の御霊《みたま》によるものであり、死ねばその霊魂は永く黄泉《よみ》にいくものとありのままに考えるべきで、それ以上のことは人智の及ぶかぎりではない。すべて世の中にありとあることは、奇異《あやし》く奇霊《くしび》なのである。

『新鬼神論』と宣長学

本書の具体的な主張は『呵妄書』同様、殆ど宣長の所説をそのままに述べたものと考えてよい。ただ問題は宣長の鬼神観が『古事記』に即して古代人の意識をあきらかにしていった結果において得られたものであると異なり、この書が儒教の鬼神観に対抗して、国学の鬼神論をうちたてるという目的意識において展開されていることである。すなわち、篤胤は儒教のそれに対抗して自己の抱懐する宗教意識ないし鬼神観を主張するために、宣長説の結論部を使用したのであって、宣長説継受の方式としては『呵妄書』の場合と同然なのである。

『呵妄書』から『新鬼神論』へと平田学はいまや一定のコースにのりはじめたことがみられるが、篤胤はのち文政三年（一八二〇）になって改訂・出板した。『鬼神新論』である。改訂の要点は『新鬼神論』では宣長説によって世の悪の根源は大禍津日神とし、この神を悪神としていたのを、大禍津日神は「汚穢きことを悪ひ給ふ御霊の神」なので「世に穢らはしき事ある時は甚く怒り給ひ荒び給ふ……よき神」であると修正したことである。また死者の行くところも宣長に従って「黄泉」とされていたのが「幽冥」「幽界」と改められた。

本書で注意すべきことは、この書のはじめに、中国の古典に上帝・皇天などが甚《いた》く可畏《かしこ》き実在として書かれているのは、わが古伝にある天っ神を原存在としての上でのことなのだ(ただし、この両者の関係は必ずしもはっきりしない)という篤胤の考えと、後年『玉だすき』において篤胤が、「万国の天地一枚なれば、此を開闢し坐《ませ》る神々も、国に依りて御名こそ異れ、同じ神ならむ。」と考えたことから、全《すべ》てのものが皇産霊大神の産霊《むすび》によって生れたという伝説は、この国だけの話ではないと思うに到ったこと、すなわち、「諸 外国《もろもろとつくに》にも、各々其の伝へのあるが中に、唐土《もろこし》には、其の名を元始天尊と称し伝へ、印度には大梵天王と称し伝へて、其の旨皇国の古伝に異ならず、然れば釈迦も達磨《だるま》も猫も鼬《いたち》も、皆是の大神の産霊に生れる物なるに論なし。」といい、例えば伊邪那岐《いざなぎ》の大神は中国では天皇氏・天皇大帝・昊天《こうてん》上帝・天帝などと称し、インドの書籍では帝釈天《たいしゃくてん》または天帝というとし、さらには「遥西《はるか》の極《はて》なる国々の古き伝へに、世の初発《はじめ》、天っ神既に天地を造了りて後に、土塊《つちくれ》を二つ丸《まろ》めて、これを男女の神と化《な》し、その男神の名を安太《あだ》牟《む》といひ、女神の名を延波《えは》といへるが、此二人の神して、国土を生《うめ》りといふ説《こと》の存《あ》るは、全《また》く、皇国《みくに》の古伝の訛《なま》りと聞えたり。」（『霊の真柱』上）と、同様の問題をめぐって非常にはっきりといいきっていることにつながっているということである。

平田学が世界宗教的規模をもとうとすること

　このような例をあげてみてくると、平田学の形成過程とは一面、日本の神道を世界宗教 Weltreligion としての規模におしすすめようとする過程であることが分るだろう。

　そして、この平田学の展開方向はすでに『新鬼神論』の段階から定まっていたと私は考える。それはいまも述べたように、『鬼神新論』の要は神・鬼神の実在を証することであった。それはたしかに伴信友がこの書の価値を否定して、「彼書の大意は、漢国にも古へは、天神をはじめ神ある事をしれるといふ事を、明したるのみの事也。（中略）新鬼神論無益の論にて……」（文化四年六月二十三日付、本居大平宛書簡）といったことに尽きているともいえるが、そもそも平田学は神・鬼神が日本にだけではなく、中国にもインドにもヨーロッパにも、つまり普遍的に、しかも、神・鬼神としての性質と能力をもって存在しているのでなければ成り立たないといった性質の思想であったから、この『新鬼神論』著作の仕事は平田学にとって基礎的かつ極めて重要なものであったのである。またこの著作において、篤胤が、『論語』や『中庸』などの近世儒学が尊重する経書における記事によって、孔子の言行を検討し、鬼神の存在を否定する儒者が聖人として尊敬する、儒教の創始者である孔子が実は鬼神が実際に存在すると信じていたこと、さらに信じていたばかりでなく鬼神を崇拝していたという事実を証明できたことは、彼がその学問・

思想を推し進めていく上で大きな力となったことであろう。そしてこの書は彼が後に世界宗教として神道を性格ずけるときの重要な基礎作業となったといっても間違いではあるまい。

右に述べたところから、篤胤がはやくも文化二年、宣長の名前を知ってから、わずか三年後には「世界宗教としての神道」論展開の芽――宣長の神道論とは質的に異なる――をもっていたことが分るであろう。このことは文化三年(一八〇六)の稿といわれる『本教外篇』をめぐっての問題を解明する緒《いとぐち》となる。

『本教外篇』平田学とキリスト教

つぎにとりあげるべきは『本教外篇』である。これは未定稿であり、のちに門人によって整理せられたものであるが、これが問題になるのは、平田学がキリスト教の影響下に成立したとの思想的解釈が、はっきりと天主教書の影響をうけて書かれた、この『本教外篇』の存在によって裏づけられるという説が有力であるからである。この説を学問的に主張したのは村岡典嗣がはじめである(「平田篤胤の神学に於ける耶蘇教の影響」一九三〇年『日本思想史研究』所収）。このうち、『本教外篇』が天主教書の影響によって書かれたことについては、さらに詳細な考証が海老沢有道によって行なわれており（『南蛮学統の研究』一九五八）、疑う余地はない。

『本教外篇』には Mathaeus Ricci（利瑪竇）の『畸人十篇』、Giuglio Aleni の『三山論学紀』、Didaco de Pantoja（龐廸我）の『七克』などの漢文の天主教書の一部を意訳・抄訳・改竄《かいざん》したものが多くはいっている。くわしくは海老沢の著書についてみられたいが、本書が全体として天主教の影響をまともに示しているというのではなく、非天主教的主張も混っている。

村岡典嗣の主張

しかし、『本教外篇』の存在を論拠として、それから平田学がキリスト教の影響下に形成されていったとする主張は疑問である。村岡は篤胤の思想のうち、(1)著しい主宰神の観念と、(2)幽冥観的来世思想とそれに含まれる霊魂不滅論に、キリスト教の影響が認められるという。この主張に即し、その二点について考えると、

永田広志の主張

⑴については篤胤は、『古事記』に「天地の初発の時、高天原に成りませる神の名は、天之御中主神」とあるのを、あえて改竄して、「古《いにしへ》天地未だ生《な》らざりし時、天つ御虚空《みそら》に成り坐せる神の御名は、天之御中主神」（『古史成文』）とし、天御中主神を無始から存在する宇宙の創造神（ただし、二産霊神を生むことを通じての創造）・主宰神とみていることが明らかであるが、これとキリスト教にいう神の観念とを、直ちにむすびつけることはいささか早計である。永田広志によれば（『日本封建制イデオロギー』一九三八）、天御中主神を主宰神とするのは篤胤にはじまるものではないといわれる。永田はつぎの事実を指摘する。

古くから伊勢神道は、創造神としての国常立《とこたちの》神の尊貴を説き、この神は天御中主神と同一神であると解釈したこと。（国常立神は『古事記』では天御中主神・高皇産《たかみなす》霊《びの》神・神皇産霊神の次に高天原にあらわれたとなっているが、『日本書紀』ではこの神が最初の神とされている。宣長以前には神道家は一般に『古事記』よりも『日本書紀』を典拠としたから、多くこの説に従って国常立神＝天御中主神を尊信した。）

徳川時代の神道家、吉川惟足《これたり》（元和二―元禄七 一六一六―九四）も、国常立神を天地に先だって天地を定める神であり、陰陽不測の神理にして、無量無辺無始終不変常住の神、万古不易《ふえき》の本体であって、人間の心の本体であるという（『神道大意講談』）。

山崎闇斎（元和四―天和二 一六一八―八二）も天神七代は造化（創造）の神といい、国常立神はその根源たる「天地一気の神」であると定義する（『垂加社語』）。この派（垂加神道）に属する佐々木高成の『辨辯道書』（元文二 一七三七）では、「吾国の教、天地人物自然の道有り、自然の教あり、自然の神性有り。今天地開闢より人物に至るまで、天御中主の道あること」を論じ、「吾自己の神明は天御中主の分霊なり。」といって、創造神・主宰神としての天御中主神の意義を明らかにしている。

伊勢貞丈（享保二―天明四 一七一七―八四）の『神道独語』にも、「古《いにしへ》より今に至るまで、天地の間に造化する所の万物万事、皆天御中主尊也。我身も亦即是《ちれ》天御中主尊也。」とある、などである。

このように、国常立神＝天御中主神を最高至上の創造神・主宰神と考える伝統は古くから存続したものである。それ故、篤胤における天御中主神＝創造・主宰神説が――いかに彼が俗神道を排撃したからとはいえ――キリスト教の影響下に形成されたと断定することはいささか困難が伴うようである。

(2)について。篤胤は、人が死して後に黄泉《よみの》国にいくという宣長の説を却け、死後の霊魂は大国主神の主宰する幽冥の世界へ行くと主張する。そして、大国主神とは「此の世界に有ゆる鬼神の、首渠《をさ》神と坐《まし》て、治め給ひ、幽より世人の善悪を見行《みそなは》して、死後に其の賞罰を糾判し給ふ」来世の審判の神であり（『印度蔵志』五）、かくて「抑《そもそも》此世は、吾人の善悪きを試み定め賜はむ為に、しばらく生《あれ》しめ給へる寓世《かりのよ》にて、幽世《かくりよ》ぞ吾人《われ》の本っ世」（『古史伝』二三）となるのである。これが篤胤の幽冥観的来世思想といわれるものである。このことによって、国学の幽冥観に著しい宗教的色彩がつけくわえられたことはいうまでもない。

しかし、これがどのくらい、キリスト教の影響に由来するということができるのだろうか。死後の霊魂が幽冥神のもとへいくという思想が、そもそも幽冥神と創造神との二元的分離ということが、一神教たるキリスト教とその本質にかかわって、いかに相異しているかは瞭然である。村岡自身、このキリスト教の影響が単なる模倣や剽窃《ひょうせつ》ではなくて、彼の思想的発展に内在する理由をもつという一方、その限界についても、篤胤にはキリスト教的な愛の神による信仰的救済の観念もなく、創造神と幽冥神を絶対的一神格に帰一させることもなかったと指摘している。『本教外篇』には天主教書の一部を平田学的に改作したものが認められるが、これは篤胤が――『新鬼神論』において儒教的鬼神観につよく反撥して、鬼神の実在を説く立場から――キリスト教に親近感をもって接した、すなわち、影響をうけた結果であることは否定できないが、両者の本質にかかわりあっての影響を認めるわけにはいかないであろう。

篤胤の思想にはいろいろな意味での、儒・仏・老荘・俗神道からの影響も認められ、キリスト教の本質に即してのそれを特に重視すべきではなかろう。篤胤が『古史伝』で展開したコスモロジーは、しかし、垂加神道などとは比較にならぬ体系性を具えている。体系的な思考に欠けると考えられる彼が、『古史伝』に見られるようなコスモロジーを形成したことについては、『天主教書』の決定的な影響を考慮にいれなければなるまい。但し『本教外篇』が『霊の真柱』をとびこえて『古史伝』につながるところには疑問が残るが。

2 「大意」段階の思想

篤胤は、その後文化四年から六年まで医者を兼業し、また五年には神祇伯白川家から神職に古学教授を委嘱されたなどのこともあって、その間三度にわたって居を移したが、門人らに対しては講説を続け、文化八年には、それらの講義を筆記せしめた。『古道大意』『俗神道大意』『漢学大意(西籍概論)』『仏道大意(出《しゅつ》定《じょう》笑語)』『医道大意(志《し》都《づ》の石屋《いわや》)』『歌道大意』などの「大意」類である。

本項では、これらの著書について、手短かに説明を加えた後、一括して「大意」段階における平田学の特色についてのべることにしたい。

『古道大意』

まず、『古道大意』二巻。本書の趣旨とその内容の大体については、篤胤がその冒頭につぎのように述べているところから知られるであろう。

今コ、ニ演説イタシマス所ハ、古道ノ大意デ、先《まづ》ソノ説ク所ハ、此方ノ学風ヲ古学ト申スユヱン、マタ其古学ノ源、及ビソレヲ開キ初メ、人ニヲシヘ、世ニ弘メラレタル人々ノ伝ノ大略、マタ其ヨリ本ヅク所、マタ神代ノアラマシ、神ノ御徳ノ有ガタキ所以、マタ御国ノ神国ナル謂《いはれ》、マタ賤《しづ》ノ男我々ニ至ルマデモ、神ノ御末ニ相違ナキユヱン、又天地ノ初発《はじめ》、イハユル開闢ヨリ致シテ恐レナガラ、御皇統ノ聯綿ト、御栄エ遊バサレテ、万国ニ並ブ国ナク、物モ事《わざ》モ万国ニ優レテヲル事、又御国ノ人ハ、ソノ神国ナルヲ以テノ故ニ、自然《おのづから》ニシテ、正シキ真《まこと》ノ心ヲ具ヘテ居ル。其ヲ古ヨリ大和心トモ、大和魂トモ申シテアル。是ラノ事ヲモアラマシ申シ、マタ神代ノ神ノ御伝説、ソノ御《み》所業《しわざ》ドモハ、今ノ凡人ノ心ヲ以テ是ヲ思ヘバ、甚霊《あやし》ク、信ジ難ク思ハレル。其非事《ひがごと》ヲ諭シ、右ノ事ドモヲ申ス中ニ、真ノ道ノ趣モ、オノヅカラニ籠《こもっ》テアル。

これらのことについて概略を説くというのである。本書は多くを宣長の『直毘霊』に負い、『古事記伝』をはじめ宣長の著書の影響が強いが、日(天)・地・月夜見の成立や運行については、後にふれる服部中庸の『三大考』の説を肯定的に紹介しており、篤胤独自の考えもみえている。

『俗神道大意』

『俗神道大意』(一名『巫学談弊』)四巻では、真の神道とは高皇産霊・神皇産霊神

↓伊邪那岐《いざなぎ》・伊邪那美《いざなみ》神↓天照大神↓瓊々杵《ににぎの》尊↓代々の天皇という径路によって伝えられてきた経倫《けいりん》の道（古道）であるという立場から、「神道」と称してはいるが、その実体はここにいう古道ではないところの〝神道〟――空海を祖とし本地垂迹の説をとく仏教的神道の諸派、吉田兼倶の唯一神道、垂加神道を含む儒教神道などの「俗神道」――が実は邪説である理由を詳細に説いている。

『西籍概論』

『西籍概論』（一名『儒道大意』）三巻は、漢学・儒教と中国の歴史の大要および日本における儒教と儒者について批判的に書かれたものであるが、本書中に篤胤自身もいう通り、『西籍概論』は本居宣長の『馭戎概言《ぎょじゅうがいげん》』――儒者的な中華崇拝を否定して、日本を、他国と比較して君臣の別が確保されつづけている、至高の国であるとする――の影響をうけたものであり、また『呵妄書』の主張をついで書かれたものといえる。

『出定笑語』

『出《しゅつ》定《じょう》笑語』（または『仏道大意』）三巻および附録三巻。篤胤は富永仲基（正徳五―延享三一七一五―四六）の『出定後語』――いわゆる諸仏経はすべて釈迦の真経ではなく、皆後世の偽作であることを論じ、大乗非仏説をたてた――や服部天游（享保九―明和六　一七二四―六九）の『赤裸々』をよんだが、「篤胤ガ仏書ノ学問ハ、コレラヲ梯立《はしだて》ト致シテ、入リ始メタコトデ、カノ青ハ藍ヨリ出デテ、藍ヨリ青シ、トカ申スヤウニ、此ノ二書ノ過《あやま》リヲモ、亦余程考ヘ出シ、夫《それ》ニソヘテ、仏道ヨリ起ツタルツヒエ、害《さまたげ》ヲ論弁イタスガ、今度ノ趣意デム《ござる》。」とある。これがそのまま本書の目的となるわけであるが、その内容はインドの風俗・国土・伝説などを始め、釈迦一代の大略、「又モロモロノ仏教一部一冊トシテ、釈迦ノマコトノ物デナク、残ラズ後ノ人ノ記シタル物ナル慥《たしか》ナ論弁」、仏教が中国へ、日本へと伝わった事情、いわゆる日本仏教の諸宗についての概略などにわたっている。

『志都の石屋』（『医道大意』）二巻は、この道の始まり――「さて医薬の道は、神皇産霊大神より初まり大穴牟遅《おほなむち》少彦名《すくなひこなの》神の御受継なされ、なほ広く御撰み有て、此御世より、万国へまでも御伝へ遊ばされたることゝ見えまする。」——漢土・阿蘭陀《オランダ》などの療治のしかた、病家の心得、人躰のわけ、眼に物を見、耳に声をきくなどの所以《ゆえん》、養生の事までを説いたものであるが、書中、「何もかも世の中の諸事、神の御心と申すうち、医《くすし》の道などが、別して神の道に関《あづか》る第一の訣《わけ》が有ますから、其医を業と致す者は、第一に神のわけ道を知らねば成らぬことでござる。」といっていることから知られるように、平田学の医道的表現といえる。

『歌道大意』

『歌道大意』については、さきにのべたところを出ない。

「大意」段階における篤胤の思想

つぎに「大意」段階における篤胤の思想について述べる。ここでは、この段階における平田学の人間論の検討を中心とする。それは篤胤がその独自な思想を展開する直前において、宣長の主情主義的人間論をいかに継受しているか、を知り、それを通して平田学の出発点の様相をあきらかにしたいと考えるからである。

篤胤によれば、中国ではすべての現象——たとえば人間が活きて働くということ—

宇宙・万物・人間の創成について

ーは陰陽の二気が働きあって起るのだから、陰陽の理によれば知れないものはない、というが、実はその陰陽の背後に陰陽をして陰陽たらしめる実在の神があるのである。つまり、この神がまずあって、その神のなされる事の跡について人間が陰陽の理なる理窟をつけるにすぎない（『志都の石屋』上）。

その究極にある神とは、天御中主神・高皇産霊神・神皇産霊神の三神である。それらの神と神による世界の創成について『古道大意』では、

……此天地ノ無キコトハ、本ヨリ申スニ及バズ。日月モ何モナク、只虚空ト云テ大空バカリデ有タガ、其大虚空ト云モノハ、更ニ〳〵極《はて》シナク大キイコトデ、実ハ口ニテハ、何トモカトモ言ヤウナク、限ナイコトデ、其ノ限リノ無イ大虚空《ぞら》ノ中ニ、天御中主神ト申ス神オハシ坐《ま》シ、次ニ高皇産霊神、マタ神皇産霊神ト申上ル二柱ノ、イトモ〳〵奇《くすし》ク尊ク妙《たへ》ナル神様が在ラセラレタデム。扨《さて》コノ二柱ノ皇産霊《むすびの》神ノ、其クスシク妙ナル御徳ニ因テ、其極シモナ

ク限リモ無イ大虚空ノ中へ、其状《かたち》イフニ言ハレヌ一ツノ物ガ先生《まづでき》テ、其一ツノ物ガ、何モナキ虚空ノ中ニ漂《ただよっ》テキル躰《さま》ガ、タトヘバ雲ノ一村、係《つな》ガル所ナク、浮テキルヤウデ有タト云コトデム。

とし、これが太陽となり、それからもろもろの神々・人間・天地の万物がうみ出されたことをのべている。

この篤胤の造化三神観は、それ以前の〝神道〟における国常立神＝天御中主神の一神論的主宰神観と、宣長における皇産霊神造化神観との融合と考えられ、篤胤以後の教派神道における造化三神観に決定的な影響を与えている。

「人情」が人間の本質であること

人間の発生がここに起原し、篤胤の人間観がここからはじまることはいうまでもない。すなわち、彼にあっては人間は元来産霊神の御霊《みたま》によって生れるのであるから、「其真ノ情モ、直《ちか》ニ産霊ノ神ノ御賦《つけ》ナサレタ物デ、夫《それ》故ニ是ヲ性ト云デム。」(『古道大意』下)という。人の性(人間としての本来のもっとも基本的な性質)を情と規定していることにまず注意したい。彼はこれをさらに具体的に「人間ノ生レツキ、スナハチ謂《いは》ユル、ソレガ性デ、夫ニ反シテヲル物トヲ、分別シワケテ、親ヲ慕ヒ、妻子ヲ慈《いつくし》ミ、彼ノ七情トカイフ、生レツキノ真心モ、其ノ程々ニ動クノガ、コリヤ人間ノ当然《あたりまえへ》」（『出定笑語』下）と説明し、またこの線にそって、「極楽よりは此の世が楽みだ、夫《それ》はまづ、暮《くらし》の相応にゆく人は、美濃米を飯にたいて、鱣《うなぎ》茶漬、初堅魚に、剣菱《けんびし》の酒を呑み、煉羊羹《ねりようかん》でも給《たべ》ながら、山吹の茶を呑んで、国分《こくぶ》の煙草をくゆらして居らるゝ……」（『伊吹於呂志』下）という風な現実的な人情を尊重するのである。

人間観における宣長と篤胤との距離がかなり大きいものであることが、ここから知られるであろう。

「真心」と「人情」

宣長における「真心」とは、儒意・仏意にまだ汚染されなかった「物のあはれをしる心」であった。（「そもく道は、もと学問をして知ることにはあらず、生れながらの真心なるぞ、道には有りける。真心とは、善くも悪しくも、生れつきたるままの心を云

思ふ旨ありて家のはしらにかきつけゝるうた
花鳥を吾も哀と見てはあれど　あはれと歌ふひと無りけり　篤胤

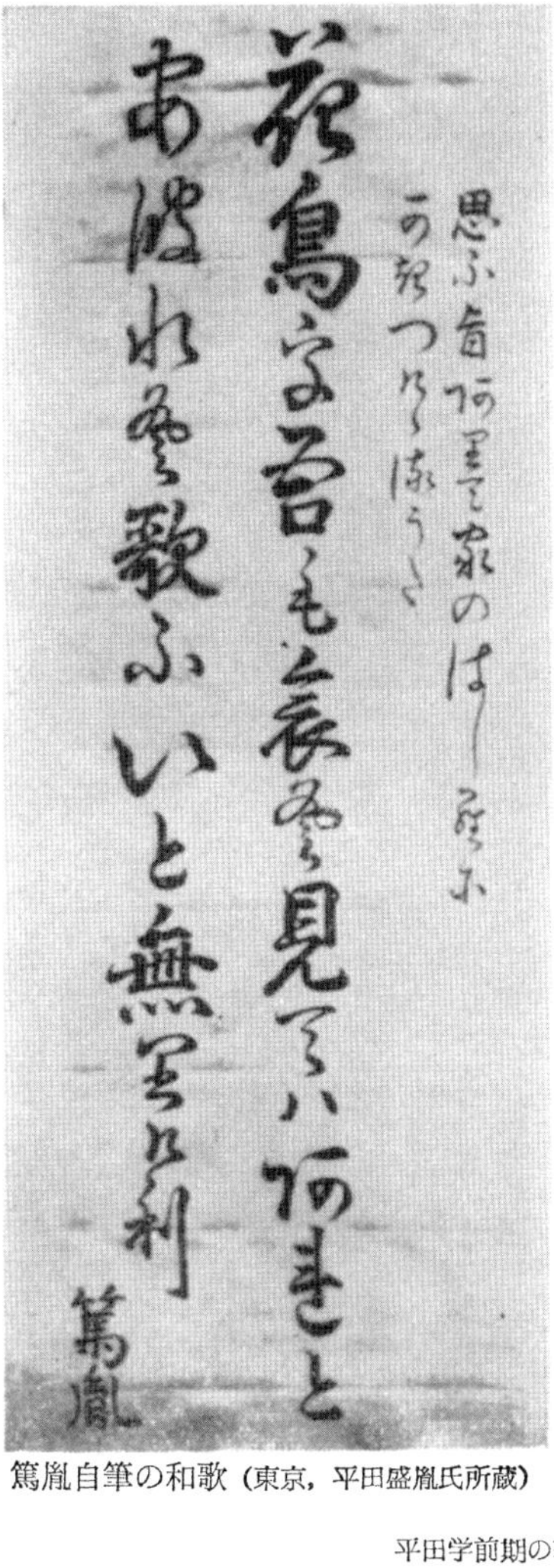

篤胤自筆の和歌（東京，平田盛胤氏所蔵）

ふ。」（前引）。

これに対して篤胤はつぎのようにいう。

夫《それ》ナラ、其ノ生レツイタル真ノ心ト云モノハ、ドンナ物ジヤト云ニ、親ヲ敬ヒ、妻子ヲメグミ、富貴ヲネガヒ、悪キヲイヤガリ、善ヲ好ムノガ則チ性デ、人ノ真ノ心、コレニ反シテヲルナラバ、ソリヤ変ト云モノデ、常ニ違《たが》ツテヲルカラ、人ノ道トハ言レマセヌ。生レナガラニシテ、仁義礼智ト云ヤウナ、真ノ情ガ、自ラ具ハツテヰル、是ハ天ツ神ノ御賦《つけ》下サレタ物デ、則《ち》是ヲ人ノ性ト云フ。（『古道大意』下）

このように篤胤における情は、「事しあればうれしかなしと時々にうごくこゝろ」（『玉鉾百首』）ではなくて、方向づけられた「情」であり、宣長的な自然の情に対しては規範として機能する。「扨夫《それ》ホドニ結構ナル情ヲ、天津神ノ御霊ニ因テ、生レ得テヰルニ依テ、夫ナリニ偽ラズ枉《まが》ラズ行クヲ、人間ノ真ノ道ト云フ。」（『古道大意』下）篤胤にあっては情は人間の自然であるとともに、規範としての性格をもつこと以上のごとくであるから、情・人情とは他の（神道以外の）道を批判する基準となることは当然である。これによって、儒教も仏教も人情に反した実行不可能の掟《おきて》をたてて強事《しいごと》をなす、という理由でしりぞけられるのである。

これについて、篤胤は、たとえばつぎのごとくいっている。

> 今ノ僧ガ、釈迦ノ教ト違《たがっ》テ、右ノ如ク繁昌ヲ願ヒ、女ヲ犯シ酒肴ヲ食ヒ、マタ長寿ガシタイト思フナドハ、是《ここ》ガコノ御国ニ生レタル、水土自然ノ所デ、斯《かう》ナケレバナラヌコトデム。夫ハコノ御国自然ノ風ハ、今ノ身ノ繁昌、子孫ノ長久ヲ悦ビ、長寿ヲ願ヒ、万事賑々《にぎにぎ》シク、物ノ盛リナルヲ好ミ、勇マシキ国風デ、カリニモ無常ヲ観ジ、衰《おとろへ》ヲ悦ビ、寂滅ヲ以テ、楽ミトスルヤウナル人ハ、神ノ御心トシテ、生レ出ヌワケデム。生レ付ニ、ソンナ心ノ无《な》イモノヲ、仏法ノ掟《おきて》デ縛リ、无《な》イモセヌ仏道根性ヲ、塗ツケテ置ユエ、女モ嫌ヒ酒モイヤ、肴モ否《いや》ト云テ居ルコト故、畢々《つひつひ》本ノ生レ付ノ、御国ノ心ヲ包ミオフセズ、シクジルノデ、実ハ尤《もつとも》ナコトデム。コヽラヲ考ヘテモ、仏法ノ、御国ノ自然、則《ち》神ノ御心ニ背向《そむけ》テ居ルコトモ、コノ御国ニ不相応ナルコトヲモ知ルガヨイ（『出定笑語付録』一）。

篤胤の思考方法における特質

あらゆる事物の背後・究極に神が実在するという考えに由来して、人間の本性を産霊神によって与えられた情とみる篤胤の思想からは、儒教（朱子学）的な格物窮理という考え方は到底出てこない（「凡テ物ノ理ハ次々ニソノ本ヲ推極《おしきは》メモテ行ク時ハ、何ナル故トモイカナル理《ことは》リトモ知ルベキニ非ズ。遂ニハ皆アヤシキニ落《おつ》ルナリ。」（『俗神道大意』二））。

そして、みずから宣長学の系統につながる彼は、真の道（現実的規範）を、古伝説「古《いにし》ヘノ事実ヲ御記《しる》シ伝ヘ遊バサレタル、朝廷ノ正シキ御書物」について明らかにしようとするが、その古伝説への対しかたは、宣長とは基本的に異なる。

篤胤は『志都の石屋』上において、宣長の二つの歌をとりあげる。

伝へなきことは知べき由もなし　知らえぬことはしらずしても有らむ

伝へはし無くとも似たる類《たぐ》ひ有らば　外になぞへて知ることも有らむ

彼は前者を、神の御伝もないことを推量《おしはか》っていうのはよくない、古伝がなくて知られぬものはそのままにしておけばよいと解釈し、後者については、既知のことから類推して、神によって定められた筈であるが古伝がないために未知であることをも知るべきだと、前者とは対蹠《たいしょ》的な意味に解している。

彼は「此等をよく思ふが宜しいでござる」とこの両様の考え方を同時に肯定するのであるが、実は彼の意は後者に傾き、事実そのものの解明にとどまらず、その中に規範を見出そうとする。すなわち、神の意を類推によって理詰にきめていこうとする方向を示すのである。

このような状況にある篤胤が、ヨーロッパの学問（蘭学）を超経験的不可知界を認めた上での合理主義として思想的に親近感を以て理解していることは、当然でもあるが興味ふかい。

阿蘭陀《オランダ》ト云フ国ハ、……其上ケシカラズ、気ヲ長ク物ヲ考ヘル国風デ、底ノ底マデ物ヲ考ヘル……然レドモ殊勝ナ国デ、唐ナドノヤウニ、推量ノ上スベリナコトハ云ハズ。ソレ故ニ、ドウシテ考ヘテモ知レヌ事ハ、コリヤ人間ノ上デハ知レヌ事ジヤ。造物主《ゴット》ト云テ、天ツ神ノ御所業《みしわざ》デ無テハ、測《はから》レヌト云テ、トントオシ推量《はかり》ナコトハ云ハヌデム（『古道大意』下）。

篤胤が『出定笑語』『西籍慨論』において、仏教・儒教について詳細な知識をもち、『古道大意』や『志都の石屋』『本教外篇』では、ヨーロッパの学問や思想についても自己の立場に即して、知識を吸収しようとしていたことがみられるが、これらは当然に熱心な研究の結果である。そして、これが神道を世界宗教へと推進めようとするその方向とふかく関連するものであることはいうまでもない。これが日本中心的・国粋的傾向と合流していることは当然であろう。

それは、わが国は産霊神の御霊により、伊邪那岐・伊邪那美神によってうまれた本《もと》つ国であるから、天地のはじまり以来の古伝説も詳しく正確に伝わってあるが、外国はこの神の産んだものではなく、潮沫《しおなわ》が凝り集ってできたものなので、それらの国の古伝説といっても、それはその国上古の事実ではなく、わが国の古伝が訛り伝わったものである、との主張を中心とし、また、同様にしてわが国が世界文化の本つ国であるのだから、わが国の学問とは儒学・仏教・蘭学などの一切を包括したもっと広大なものであること、しかし、その学問的態度はあくまで皇国中心的であらねばならないことなど、『新鬼神論』や『呵妄書』でなされた主張が、この段階でも繰返し強調されている。

3　宣長学継受の意識と方向

宣長↓篤胤という系列に関心をおいて、この段階の篤胤の思想を考察した結果、それがこの段階以前の時期に引きつづいて、宣長学とはかなりちがった方向をもっていることが明らかとなったが、このことについて篤胤自身はどう考えているのだろうか。

宣長を孔子との同質性において把握する

彼は『西籍概論』中のなかで、孔子について「ヨクモ我師《まなび》ノ翁《をぢ》ニ心モ行ヒモ似タル人デム。」といって孔子と宣長とを同列に考えているが、そう考える前提は、孔子も宣長も(1)「道」の根本を君主の血統の確定↓君臣の分の確定と考えて、それぞれ自国について、それを明らかにする論をたてたこと、⑵抽象的な教えとしてでなく、事実によって道を説こうとしたことだという。

宣長学継受の意識

宣長学の本質がこのように理解されているということは、すなわち、篤胤が自分の思想をそれと同じ方向に位置づけているということである。であるから彼は、世に古学者と称する者が、歌物語にのみ心をかたむけて、宣長学の核心である道のことを等閑にしているのが残念で、宣長の教に従いはじめて以来、「イカデイカデコノ御心ヲ紹《つい》デ、古道ヲ説《き》弘メ、世ニ普《あまね》クシラサント、負気《おふけ》ナクモ思ヒ起シテ、」自分は弟子としては末輩であるが多くの弟子たちをおしのけて、「古道ノ心ヲ説キ明シ、世ニ有ラユル邪道《よこさまみち》ヲ、弁《わきま》ヘ正シ言ヒ破ル」ものである。もちろん他の学者たちは真の道を知らないので、自分を痴《しれ》者《もの》よばわりするが、自分としては「コノ己ガ学ビ得タル正道ノ意ヲ、世ニ普ネクシキ及ボシ、ムシロ死ストモ、ソノ霊ヲ世ニ遺《のこ》シ、」自分の霊魂を後世の人に移してまでも、あくまで志をとげたい。

（『俗神道大意』二）

という。ここに私はさきにみた宣長および宣長学の学問的・静的性格に比べて、平田学の宗教的傾向そして篤胤の伝道者的性格をみるのであるが、このことは彼が「今」＝現在を、仏法が衰え、神道が興隆しようとする時期だと考えていたこととも関係がある。彼には、この時運にのって、その勢いを推し進めようという動機が存在したことは、『俗神道大意』二で、「今ノ世ハ、仏法サカンノヤウナレドモ、中ツ世ノ盛ナルニ比ベテハ甚《いた》ク衰ヘ」とか、「熟々《つらつら》思ヒ廻ラスニ、ソロ〳〵古《いにし》ヘニ復《かへ》ルベキキザシガ見エテ、大《だい》ブオモシロクナッテ来タコトデ」、「時スデニ至ッタニ依テ、篤胤ガ導キニ随ハル、人々ハ、昼夜ヲ舎《す》テズ励ミ勉メテ、マヅ本ヲ堅メラル、ヤウニ致サレテ、コノ機会ヲ失ハズ、末ノ世ニ至テモ文化ノ頃ノ何ノ何某ト、普クノ世ノ人ニ知ラル、バカリ、功ヲ立ル……」などという言葉から考えられる。

しかし、それも彼が、「神代ノ事実ヲ説マゲ云枉《いひまぐ》ルコト、及ビ真ノ道ニ背《そむ》ケヲル古人ノ説ヲバ、根カラ葉カラトリ捨ルコトハ、……胆ヲ放ツテイタシタイ物ジヤ。」(『同上』四)というにとどまるのであって、このような傾向から篤胤が、公的制度的な事実や民間的習俗を古道にてらして改革しようとの志をもったかに考えられやすいけれど、そのようなことは宣長同様全くないのである。

それは篤胤の思想が、与えられた今の世の状況において、「差越したる望み、強《しひ》たることは心して、成べきだけの限りを、心静かに計らひつゝ、世は穏かにくらしたい物でござる。」(『志都の石屋』下)という願望に支えられて成立ったからと考えられる。

ここに篤胤の社会に対する意識が、かなりはっきりしたかたちでみられるが、その思想形成の契機が社会意識を媒介として成ったものとして考えるならば、平田学はすでにこの段階において宣長学に対し、質的な差異を含むにもかかわらず、宣長学の系列にはいろうとしていることが認められる。

六　平田学の成熟

1　平田学成熟期の著作㈠と生活

文化八年には「大意」類のほかに『玉だすき』（文政七年増訂天保三年刊行）の草稿などにも筆がおよび、篤胤の著作活動はその頂点にむかってのぼりつめようとしていたが、このころ、彼は居室につぎのような貼紙をかかげていたという。

此節別して著述取急ぎに付、学用窮理談の外、世俗無用の長談御用捨下さるべく候。塾生と雖《いへど》も学事疑問の外呼ぶことなくば来《きた》るべからず。道義弁論に於ては終日終夜の長談なりとも少《いささ》か厭《いと》ひこれ無く候事。

この年の秋一〇月、篤胤は招かれて駿河国府中の門人柴崎直古の家に滞在していたが、二ヵ月ほどして、彼が以前からもっていた、神代の事実について異説を正し古伝説を一貫して見通せるようにしたいという願望を、門人たちのすすめによって実現しようという気持が起り、『祝詞式』『日本書紀神代巻』『古事記』『古語拾遺』『新撰姓氏録《しょうじろく》』『出雲風土記』『古事記伝』などの書を借りて、一二月五日にその仕事にとりかかった。それからは就寝することなく、机にむかったまま昼も夜も読書と執筆を続け、食事もそのままとるという有様であったので、その健康を案じた門人たちが睡眠をすすめたところ、引続いて一日二夜の間眠り、その後もまた机に向うこと以前と同様であったという（新庄道雄『古史徴』序文）。

後年、服部中庸《なかつね》によっても、篤胤は「書見《しょけん》著述に掛り候ては二十日三十日にても夜昼寝《ね》ることなく、労し候時は三日五日も飲食せずして、臥《ふし》て又覚《さめ》候時は元のごとし。」（文政六年八月本居大平宛書簡）といわれているのであって、文化八年の終における行状は彼にとって特異なものとはいえないようである。しかし、普通に考えれば、これは単に熱心な態度というにとどまらず、偏執的異常さを示すといってもいいであろう。いまこそ神道が興るべき時だと思い、日本の神道を世界的・普遍的なものとしようとしたことと、このような異常な性格・体質とが無縁なものとは考えられない。

もっとも、著述の方面では、このときの収穫は篤胤にとっても異常に大きかった。彼は大晦日《おおみそか》まで勉強をつづけて「古史」(→『古史成文』)のうち神代部三巻と、その部分の「徴」(→『古史徴』)、『霊《たま》の真《み》

篤胤使用の机

柱《はしら》』の草稿を書き、のちに『古史伝』となる部分の腹案をえたが、それについて自分で、「此の時いまだ伝は作《かか》ざりしかど、腹中には既に成たりし故に、真柱の書は成《いでき》たりしなり。誠や此の時は、いかにしてかく速に功成《り》にけむ、其後いささかの間も怠るとは思はねども、此の時のごと功の成らぬは、常に異《あやし》くぞ覚ゆる。」(『古史徴開題記』)といっているほどである。そして、この際にものされた諸著は平田学の核心部を形づくるものといえる。

それは篤胤が『古史成文』撰定のときに至って、神代の事実を明らかにするのに『書紀』をも用いねばならぬことを発見して、師宣長の古事記主義に疑問を抱き、はじめてここに宣長学との方法についての差異を自覚するようになったことにもあらわれている。

かくして、斜面をのぼりつめた平田学は成熟の時を迎えるのであるが、ここにおいて篤胤の身には不測の不幸がふりかかった。妻織瀬《おりせ》の死である(文化九年)。

結婚以来一一年、この年三一歳であった。情熱的な性格の篤胤が、この人をいかに熱愛したかは、この年かきあげた『霊の真柱』に、自分はどこで死んでも、魂は必ず師宣長のところに、「今年先だてる妻を」伴っていくといい、さらにそれに付記して、「かくいふをあやしむ人の有べかむめれど、あはれ此の女よ予《おの》が道の学びを助成せる功のこゝろありて、その労《いたつき》より病発《おこ》りて死《まかり》ぬれば此《かく》の如くは云ふなり。」といっていることから知られるのである。

また彼はこのとき、

天地の神はなきかもおはすかも　など此禍を見つゝ坐らむ

哀てふ事の限りを知れとてや　世の憂きことを吾に集へけむ

などの歌をよんで、そのかなしみの情をあらわにしているが、これらの言葉から、この愛する妻を冥界へ送ることを一転機として、彼が幽冥界についての思索を一層凝らしたのではないかと推察することもあながち無理ではあるまい。

生活の窮乏

篤胤は文政元年（一八一八）の一一月に再婚して終生の伴侶を得るまでに、三度転居し、一度重い病にかかり、次男の又五郎（半兵衛改め）を幼少にして失い、さらに短期の婚姻関係をむすんでいる。

この間、彼は『古史伝』の草稿を中心として、著述活動の手をゆるめてはいないが、この数年間の生活は篤胤にとってあわただしいものであったとともに、経済的にもはなはだしい困窮のうちにあった。彼は友人、伴《ばん》信友（安永二―弘化三 一七七三―一八四六）に宛てた書簡（文化一二年三月一四日）で、負債に追われているその窮状を訴えているが、その一部だけを引用しても、

こゝに小弟身上《しんじょう》の事申候。果しなき申ごと乍ら絶窮《ぜっきゅう》の様子、前後をつゞめて此節の苦み、先づ暮にはあてもなきに春になりてと当り前に、借金方を尽く断《ことはり》、どうやらして年をとり候所、凡てゞ八人扶持計りをこねまはし候故、何として参るべきや。……所が未だ年始に出ず、外は打ちやつて置ても本でも

かりる所へは行かねばならぬから、それを以てまづ人のヿ《まげ》たる（入質のこと）熨斗目《のしめ》を借り出して著て、只一日に年始を勤め、翌日元の穴へ納めて、火事羽織・薬箱の覆《おほひ》を買ひ、まづほつと息をつぐと、去年門人のわる者が蔵書ミハシラの板《はん》（『靈の真柱』の板木）をヿたる十両の尻が来て、板を先へ引取らむとする。是に当惑、どうしても先きが聴かぬから、同心を頼み、押しぶちに待たせて、六月迄安心にはなり候へ共、是にも一両三分ばかり、尤も人にかりて利を出したり、先づ善いと思ふと、去年大煩《おほわづらひ》の砌《みぎり》にヿ《まげ》たる本共、元利共にて十両計りのもの、段々断り申置候へ共、十四五ヶ月になる故、流れると云て、どう人を入て、先づ暫くと云ても聞ず、そこで佩物《はきもの》を、先づ利分半金のかたへ入て納めたり。……所が三月に近より、去年三月ヿたる雛《ひな》が流れると云て来る。之を流しては娘が泣くから、此あたりの労苦言ふ計りなし。そこで虚病《けびやう》を構えて、例の火事羽織を入て一両二朱余にて受出したれど、子供に著かへさする事叶《かな》はず、今年始てふだんの儘にて節句をさせ候。外へ出るなと言付たれば、おとなしく居り候。二人の子供が心の内不憫《よびん》さ、御察下さるべく候。……

というのであって、その家庭の荒涼とした趣きがよく現われている。

伴信友

伴信友はとくに宣長没後の門人として認められた本居派の国学者で、同時代人たる平田篤胤の学風とは対蹠《たいしょ》的に、宣長学の文献学的側面を継承し、国史・国文の精密な考証をした人。主な著書は『続《しょく》日本紀考証』『史籍年表』『比古婆衣《ひこばえ》』など、すべて三〇〇巻におよんでいる。篤胤との交渉については、九、でのべる。

山崎篤利

篤胤の再婚は山崎篤利の仲介によっ

伴信友肖像

てなされた。篤利は武蔵国（埼玉県）越ヶ谷の油商で、油屋長右衛門（油長《あぶらちょう》）と称する富商であるが、自ら神主の装束をつけて祝詞《のりと》をあげたり、神社のことにかけては夢中になって奔走するというような、人に神道気ちがいといわれた人物で、篤胤には文化一三年、五一歳で入門した。彼は油長へ他家から養子としてはいった人物であったから、自分の思い通りに篤胤に献金するわけにはいかなかったが、同一四年には『霊の真柱』の刷板《すりはん》代を、翌文政元年には『古史成文』『古史徴』の出板費を篤胤に貸与するなど、普通以上の好意を示している。

余り旅行をしなかった篤胤が文化一三年から文政二年にかけて鹿島・香取に二度、下総（千葉県）へ二度、上総（同上）へ一度の旅行をしていること（もっとも、これには募金の目的もあったらしいが……。）（二六九―七二ページ参照）、また、文政六年になって実現された関西旅行について、文化一三年に京都の門人紅屋吉兵衛に、仁孝天皇の即位の礼（文化一四年）を拝観したいといって、上京の都合について問合わせていることと、篤利の入門が同年であることと関係があるのではないかと考えられる。

「気吹舎」

また同じ一三年に家号を「気吹舎《いぶきのや》」（「伊吹乃屋」）と改め、自分も大角と改称したこと、この年のうちに八七人という大量の入門者があって門人数が一六六人に達したことなどを考えあわせると、この年が「気吹舎」の発展にとってモニュメンタルな意味をもつ、といってよいであろう。

再婚

ここで、篤胤の

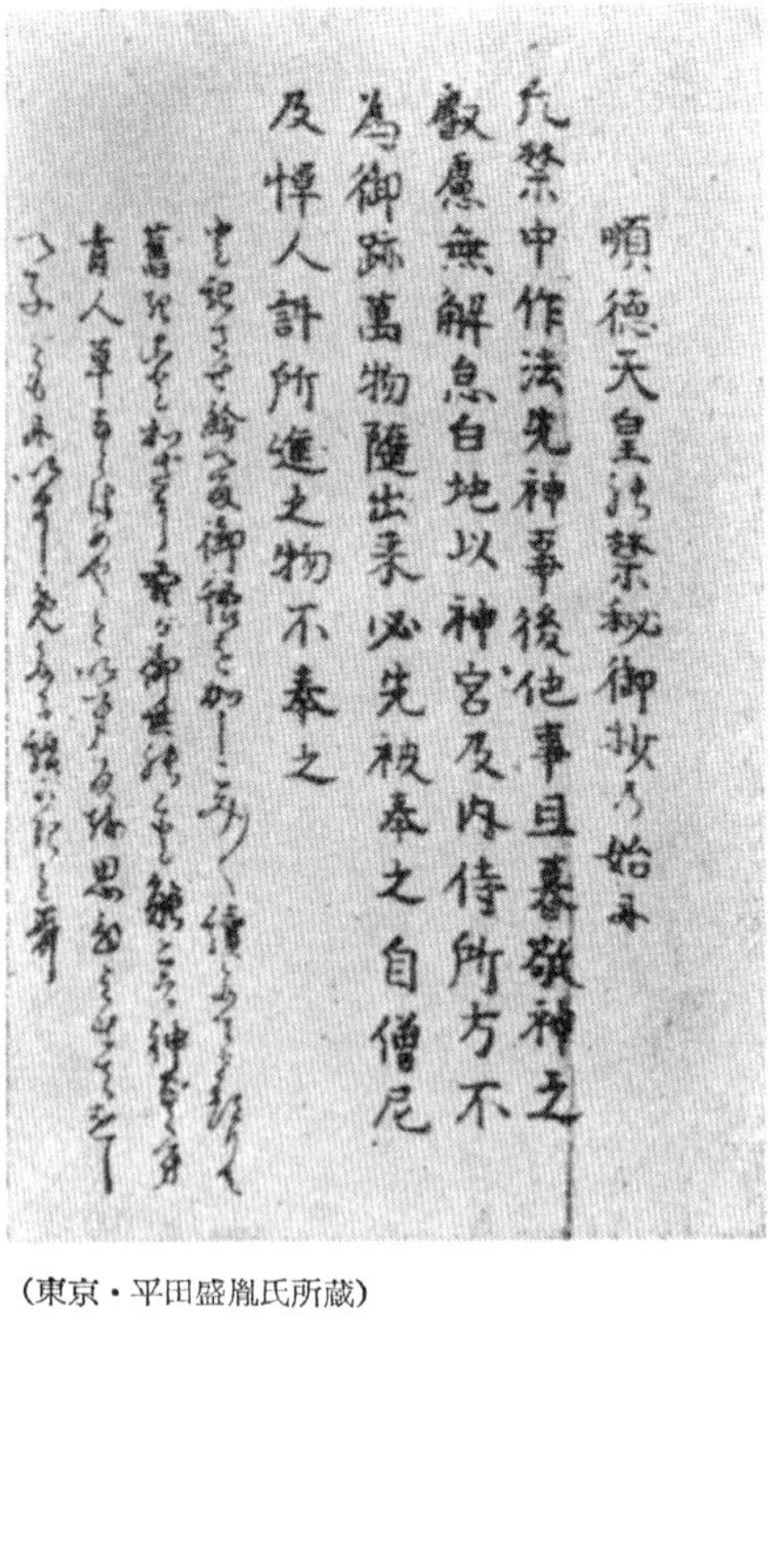
順徳天皇御禁秘御抄ニ始ル
凡禁中作法先神事後他事旦暮敬神之
叡慮無解怠白地以神宮及内侍所方不
為御跡萬物隨出来必先被奉之自僧尼
及憚人許所進之物不奉之

（東京・平田盛胤氏所蔵）

第三にして最後の妻となった人は越ヶ谷の豆腐屋の娘であったが、篤利の養女として篤胤と結婚したので、篤利はその親許《もと》として、篤胤にかなりの援助をしたようである（渡辺金造「篤胤と山崎篤利」『平田篤胤研究』所収）。

この人は婚後、前夫人の名をついで「おりせ」といい、篤胤が秋田で死去した後に再び江戸にかえったが、没年は不明である。ともあれ、平田家の家庭と経済

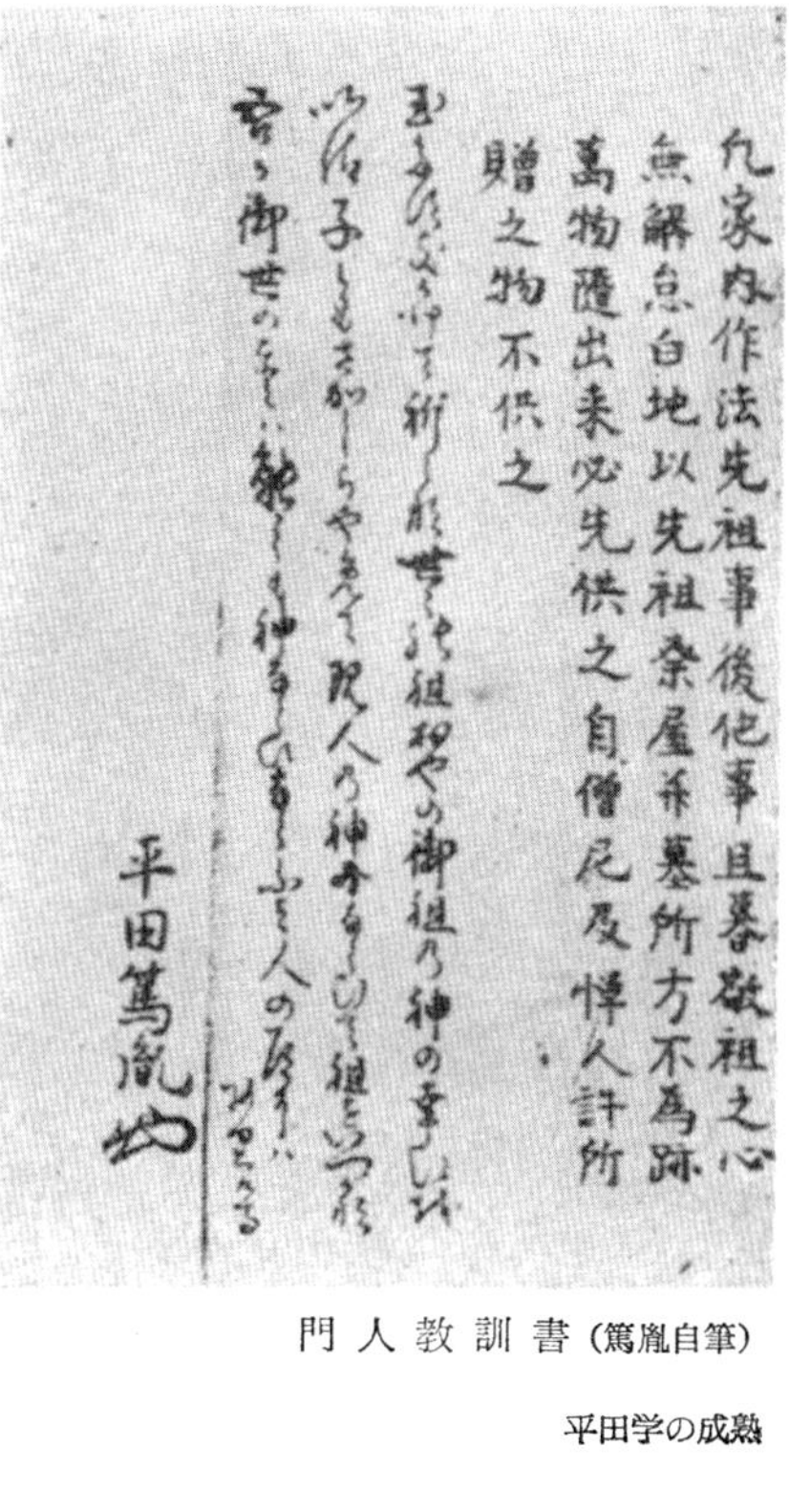

門人教訓書（篤胤自筆）

とがこの再婚を期として著しく改善されたことは察するに難くない。

一方、右の年月は平田学の思想的成熟を示すに足る著作のなされた時期である。さきに、私は「大意」段階における平田学の特徴について、若干の紹介を行なったが、文化九年一二月に脱稿され、一〇年に刊行された『霊《たま》の真柱《みはしら》』では、それらがますます平田学的な展開をとげている。

『霊の真柱』

『霊の真柱』二巻は――(1)三神による天地の創造説、(2)禍津《まがつ》日《ひの》神善神論、(3)幽冥観をその三特色とするが（村岡『宣長と篤胤』）――服部中庸の『三大考』をしたじきとし、それを敷衍《ふえん》したものといってよいであろう。

服部中庸

服部中庸は松坂の人、他の宣長の門人の多くが歌文の徒であったのに対し、古道の学を専らとし、篤胤とその軌道を同じくし、篤胤を宣長学の正統とみなしたことについてはさきにのべたが（一四―一五ページ）、彼はさらに篤胤を本居家へ紹介するばかりでなく、養子として推薦した人である。

『三大考』

『三大考』は寛政三年（一七九一）五月の著

作にかかり、記紀の天地開闢説についての宣長の解釈をこえて新説を主張したものである。ここで、中庸は『古事記』の記載によって、開闢のはじめの混沌たる原質から日・泉(月)・地が次第に形成されていった経過――はじめ一つのものであったのが、次第に三つの部分に区分されていき、ついには三つの部分に分離する。――および、それら太陽・地球・月の運行、さらにまたそれぞれの主宰者が天照大御神・月読命・皇御孫《すめみま》尊であることなどを、一〇箇の図解によって説明している。そして、このなかで部分的に注意すべきことは、月読命は須佐之男命であると断定したことや、その研究の結果――地は円く空に浮び、日月はその上下に旋《めぐ》る。――から、わが古伝にいうところと同じであるとして西洋の学問に親近感を示し、地動説を肯定していることなどである。

宣長はこの『三大考』をよんで、その卓見を賞し、『古事記伝』第一七巻の附録としてこれを載せ、その終に、服部中庸のこの天地泉の形成についての考えは

「さとり深く、物よくかむがふなる」西洋人も、古来考えつかなかったことを、よくも考え出したものである。このように考えてこそ、高天原・夜之食国についての疑問も氷解するのである、といったことばをつけている。とはいえ、『記伝』における宣長の解釈では、天と日、月とよみとは同一のものではなく、天照大御神は太陽の主宰神ではなく、太陽そのものであり、月読命も月そのものであって、月読命と須佐之男命とは同一神のようであって、しかも別神なのである。すなわち、宣長は『三大考』の所論を卓見とし参考として併載したのであって、その内容に同意したのではないと考えられる。

右に述べたところから、『三大考』が鈴門の人々にとって問題をはらむ書であったことは考えられるところだが、江戸にあって宣長の門人と称し国学者としての名声をあげはじめた篤胤が、『三大考』を発展させて、宣長の学問とは質的にちがった軌跡を示した書、『霊の真柱』を公刊したことが、さらに大きな衝撃であった。というよりは、本書の出現が平田篤胤なる人物をクローズアップしたのだというべきだろう。

『三大考』をめぐる論戦

そのころ、各地にあった鈴屋の門人たちが本居大平に対し、平田篤胤なる者について、多くの問合わせの手紙を送ったことによっても、それはしられる。曰はく、「平田篤胤が著たる玉の真柱といふ書は考よろしく御座候や承り度く存じ奉り候。故翁のいまだの給ざる事ども数多見え候やう覚え候。」(多羅尾靱負)、「厚胤たまのみはしらは私儀得《とく》と承知仕らず存じ奉り候。御覧評も御座候へば承り度く存じ奉り候。厚胤は御門人に御座候や承り度く存じ奉り候。はげしくつとむる志とは存じ奉り候得共、何分うけがたき事多く相み申候如何。」(千家清主)。

『三大考』に対しては本居大平(『三大考弁』文化八年)が師の説と異なるとして、これを批難・攻撃し、これに対して篤胤が『三大考』を肯定して応戦(『三大考弁々』文化一一年)、さらにこれに対して植松茂岳(寛政六—明治九 一七九四—一八七六)(『天説弁』文化一三年)が対抗、さらに篤胤は『天説弁々』（文化一四年）をかき、茂岳また『天説弁々々』を著わすなど論戦を交えている。

私は次項で成熟期に達した平田学の思想的特質を説明する予定であるが、その説明の材料には、ここにあげた『霊の真柱』『三大考弁々』『天説弁々』および『玉だすき』を中心として使用したいと思う。

刊本『玉だすき』一〇巻の原稿は文政七年、篤胤が江戸にかえってから、従前のそれを改稿増補してでき上ったものであるが、そのもとは前記のように文化八年に起稿されたものであり、

『玉だすき』

『玉だすき』（東京，無窮会図書館所蔵）

成立も文政七年であるという年代的な事情（すなわち、平田学中期に当る）および本書の内容とから、ここで『玉だすき』をとりあげることにした。

『玉だすき』は篤胤が口述し、門人が筆記したものに、さらに篤胤が補正を加えたものである。その目的は、惟神《かんながら》の道を一般の人に知らせることにあったが、この書には「神の道の秘事《ひめごと》共云べき事の、初学《うひ》びの徒などには、容易《たやす》くいひ顕はすまじき事」なども書いてある上、(1)宣長の説とも異なり、同門の人たちが同意しないような所論もかなりある。(2)道教はもちろん儒教・仏教にも、わが古道から発したことが多いから、本書では、それらを古道として還元したが、この真の事情を知らぬ者は、外国の道を羨んで採用したのだと悪意をもっていうだろう。(3)真の神道を知らぬ儒仏の徒は本書における儒教・仏教の解釈をみて驚き怒るであろう。(4)本書では雅言《みやびごと》・俚言《さとびごと》を混合して使用しているし、戯言の卑近な譬えなどもあるので風雅をこのむ人たちの物笑いとなるだろうから、(1)―(4)の難点を削除し、書改めるべきで、このままでは初学者に対しては害のあることも多い（鉄胤『玉襷のふみを板に彫れる由《よ》し』）、との理由で、門人たちの願いにもかかわらず出版を肯《がえん》じなかったが、文政一二年（一八二九）友人北川真顔の勧めに従って刊行することになったといわれる（本書の第一冊は本居大平の序文をつけて天保三年（一八三二）に公刊された）。

『毎朝神拝詞』

本書の形式は、成文をたててこれを註釈するというかたちで、他の著書と同様であるが、ここで成文となったのは『毎朝神拝詞』二九編である。

『毎朝神拝詞』は文化八年に篤胤が自撰し、一三年に板行し、その後、補正して『毎朝神拝詞記』として文政一二年に再板されたが、これは本居宣長の『毎朝拝神式』にならったものと考えられる。『毎朝神拝詞記』は、はじめに、

「朝早く起て貌手《かほて》を洗ひ、口を潄《すす》ぎ身を清めて、まづ皇都の方に向ひて、慎み敬《ゐやま》ひ、平手を二たつ拍《う》ち額突《ぬかづき》て、畏み畏み拝み奉るべし。

（一）　皇居乎拝美奉留事（詞は各々心々に申すべし）」として、以下、

（二）　竜田風神

（三）　大元尊神（天御中主・両産霊神）

（四）　天日御国（天照大神・皇産霊大御神・伊邪那岐神など）

（五）　月夜見国（国之底立大神・豊斟渟《とよくむぬの》大神・伊邪那美大神・月読命など）

（六）　皇孫尊《すめみまの》（瓊《に》々《に》芸《ぎの》尊・木花之《このはなの》佐《さ》久《く》夜《や》毘《ひ》売《めの》命・神世二御代の天皇《すめろぎの》命）

（七）　神武天皇以下の諸天皇・皇后

（八）　伊勢神宮

（九）　吾妻三社（鹿島・香取・息栖《いきす》）

（一〇）　出雲大社

（一一）　大和三社（大物主・大国魂《おほくにだま》・言代主《ことしろぬし》の大神）

（一二）　常陸二社（大名持・少彦名《すくなひこな》の神）

（一三）　伊豆雲見社（磐長《いはなが》比《ひ》売《めの》神）

（一四）　尾張熱田宮

（一五）　その国の一の宮

（一六）　その所の鎮守

（一七）その家の神棚
（一八）祓戸《はらひど》の神など
（一九）塞《さへの》神など
（二〇）天児屋根命＝八意思兼《やこころおもひかねの》神など
（二一）大宮能《おほみやの》売《めの》神＝天宇受《あめのうず》売《めの》命＝宮比《みやびの》神
（二二）屋船神
（二三）御《み》年《とし》神など
（二四）竈《かまど》神など
（二五）水屋神など
（二六）厠《かはや》の神
（二七）学問の神（八意思兼《やごころおもひかねの》神・忌部《いむべの》神・菅原神・春満・真淵・宣長・久延毘古命）
（二八）先祖の霊

について、神徳をたたえた拝詞かつけられている。ただし『玉だすき』では、右から一・三・六・七が除かれ、一四と一五の間に「二荒山《ふたらさんの》大神（東照大神＝徳川家康）」が附け加えられている。

2　平田学の特質

ここにいう平田学の特質とは、宣長学を中心的存在と考えた場合の「国学」における特質をいい、本項はその説明を担当する。徳川思想史ないしは日本思想史における平田学の特質を論ずることは、ここでは、目的でない。本書の構成からして、それは自明であると思われるが、はじめに、ことわっておく。

平田学の方法

平田学の方法　はじめに平田学の特質を原理的に基礎づける、その学問的方法を説明する。

平田学の方法を特徴的にあらわしている資料を求めていくと、それは『三大考弁々』と『天説弁々』とに集中していることに気づく。それは前にのべたように、『三大考』と『霊の真柱』とが鈴門の人々を刺戟し、篤胤との間に論争が行なわれた結果、古典解釈の方法についての問題をめぐって、平田学の方法があらわれたからである。

『天説弁』は阿波国徳島の人、春枝広高が『霊の真柱』を読んでの疑問を本居大平に質《ただ》したのに対して、植松茂岳《しげたけ》が大平に代ってこれに答えたという形式によっている。この中で広高が『霊の真柱』では、望遠鏡で月を見ると白く光ってみえる部分は地球の海と同じであり、むらむらと見える部分は陸であって、そこには山さえも見ることができる、それ故、月は地球と同様、球体の外表面に月の国があるというように書かれているがどうか、ときいたのに対する答はつぎのようである。

「答、とるに足らぬ私言なり。月の中にある物、国と見えても、古伝に見えざることは取らず。」

また『三大考弁』（本居大平）には、「神代の御典《みふみ》の天地の始の事はまことに伝へなきこと共のみにて知れざることとなれば、必知《ずら》ずてあるべき」ことであると書かれている。これが当時の鈴門の代表的意見だったようである。

鈴門古典学の方法に対する篤胤の攻撃

しかし、古典にないことはとりあげないというのならば、解剖によって知られる人体内の形状を実見して説明されても、「其は古伝に見えざることなり、取るに足らず、然《さ》る物は無し。」と強弁するのであるか。「古伝に云はずとも、現に然《さ》あるものを如何せむ。」（『天説弁々』）と篤胤は論駁する。

一見したところ、この論争では篤胤の側に理があるようであるが、実は、一方はどこまでも古典・古伝を前提とするのに対し、他は古典にないことをとりあげようというのであるから、これは同じ争点をめぐっての論争ではない。

宣長と篤胤における「古学」の定義の相異

宣長の説を文字どおり師承《ししよう》している大平と、この篤胤の考えのちがいは、そもそも「古学」の定義についての宣長と篤胤との見解の相異に由来する。すなわち、宣長が「古学とは、すべて後世の説にかゝはらず、何事も、古書によりて、その本を考へ、上代の事を、つまびらかに明らむる学問也。」（『うひ山ぶみ』）というに対し、篤胤は「其はまづ古学は、……古へを明らむる学問なるものを、其の始めはいかに、其の有状《ありさま》はいかに有らむと云ふ事を、知らるべき限り明らめ知らずて有べきかは。」（『天説弁々』下）という。

宣長はすでにみたように、古書によって、古代人の意識を通して上代の事を究めようという文献主義的な古典学を樹立したが、篤胤の古学の特色は、あらゆる方法をつくして可能なかぎり天地初発↓上代の事実をあきらかにしようという目的の肥大化にある。その目的肥大化の過程で宣長学の根本的特質であった、物のあわれをしる心＝古代人の意識を媒介とするという方法が完全に脱落してしまったのである。

もちろん、篤胤もまた古伝から出発する。しかし、彼はその学問の素材を古典にのべられた事実に限定しない。単に古伝を墨守することは「道に心の厚からぬわざならし。」(『三大考弁々』上)である。

平田的古典学の方法

平田的古典学の方法においては、宣長学のもつ歴史意識が失われて、古典と経験的事実とが混同せられ、経験的事実の解釈が古典記載の神話(非合理的事実)に合わせて行なわれ、そこから得られた理論(これらの二つを同時に解釈できると篤胤が考えた理論、つぎの引用文では彼は「理」といっている)を他の神話(古伝説・古典による)の解釈に適用し、この種の理論による類推によって、実は古典に記載されていないことについても、それが実在したと拡張解釈し事実として認定するのである。

篤胤は何事も、神代の伝へと、事実とに徴考《あかしかむが》へて理の灼然《しるき》ことは、えしも默止《もだ》さず、考へ及ばむかぎりは、いはむとするなり。(『霊の真柱』下)

ここで注意しなくてはならないのは、理という言葉である。村岡は平田学の方法は「すべてあるべきものといふ理が先行して、しひて古典にその証拠を求めるといふたぐひ」だというが(「宣長と篤胤」)、この理も同様で、それは例えば白昼、犬が白壁にむかって吠える場合、その壁の前に不可視の妖怪がいると考えるのが「理」にかなう、というときの「理」であって、著しく主観的・恣意《しい》的な性格をもつ。

実例による平田的古典学の方法の説明

この特殊「平田学的方法」がよく理解できるように、篤胤自身が提示する例を紹介する。この例は右に要約してのべたその方法の前半部についてのそれで、後半部はその古典学全体によって例示されているといえる。その理論としての性格は前半も後半も同様である。

「欽明天皇紀」に、天皇が幼少であった時、夢に「秦《はた》の大津父《おほつち》といふ者を寵愛し玉はゞ、壮大に及んで、必ず天下を有《たも》たむ。」というお告げがあったが、果して夢のごとくにその人は実在していた。そこで彼にきいたところ、かつて山中で相闘う二匹の狼に出会い、その争いを仲裁して二頭ともに命を全くして去らしめた、という故事がある。

この故事について篤胤はつぎのような解釈を試みる。右の経緯からは、天皇に夢の中で勧告をしたのは、狼の霊と思われる。そもそも、現世におけるすべての事は、現象的にみるならば、現世における何らかの原因から起るのではあるが、しかし、このことをさらに原理的に深めてみるならば、「実は幽より、天照大御神の計らひ給ふ事にこそ有れ。」である。右の夢のお告げなども卑しき獣が自らの霊の力で計画し実行することができるわけがない。このように考えてくると、つぎのごとく断定せざるをえない。狼のうちの一頭は天照大御神の末の御使者《みつかいもの》であったものだから、大御神が、その狼を助けたことにふかく心をうたれた結果、御使神をして天皇に夢中で右のように大御神の意志を告げさせたのである、と（『玉だすき』六）。

これは経験的事実、夢のお告げが古伝の側から合「理」的に解釈された例である。

篤胤自身をして、その方法を語らせるならば、「凡て神典古史を解《とく》ことは、文面のみを解《と》かむは事にもあらず、まづ其顕事《あらはにごと》の、かゆきかく行く事の由来をよく解し得て、然して後に、その顕事のしか成行ける、幽事《かみごと》や如何ならむと、顕幽をつらぬき考ふるぞ、我が神史学の秘訣なりける。」である。しかも、これは神史学ばかりでなく、歴史の学はもちろん修身斉家治国をまでも貫徹する方法といわれる（『同上』）。

平田学の学問的基礎をなすその方法は以上のごとくであり、その性格については前引の村岡の評言がよくその趣きを伝えているといえるであろう。

平田学の規範学的性格

平田学の規範学的性格　つぎに、この方法を基として成立つ平田学の著しい特徴を示すその規範学的性格を、宣長学とくらべながら一見しよう。

そのため、ここでは平田学と宣長学の差異がもっともはっきりしている事項《アイテム》、和歌についての見解をとりあげる。

篤胤の歌論

『玉だすき』一における篤胤の所論　後鳥羽院の寵をうけた藤原家隆・定家は

「今の世までも、歌聖と称せらるゝ」人たちであるが、上皇が承久の乱（承久元 一二一九）に関係して北条氏によって隠岐島に配流せられた。いわば「君辱《はづか》しめを受たまひて、臣死すべき時節なりしに、此の時の事におきて、此の歌聖たちの、名の聞ゆる事なきは、君のさる御難をし、少《いささ》かも憂ひ顧み奉らず、安閑無事に、歌よみ作り構へて居られしか。最も不審《いぶか》しき事なり。」こういう人たちが物のあわれを知っていたとは考えられない。「古《いにし》への道の奥所《おくか》にわけ入りて、物の哀《あはれ》を知ることは、歌をよく詠《よ》み得てこそ。」などいう者もあるが信じられないことである。「そは歌聖と聞えし彼の卿等すら、君臣の道の大義に闇く、物の哀れに疎《うと》かるを、俗の歌作りら、よし歌をば、尤々《かどかど》しく作り出とも、豈《あに》道の真の哀れを知りなむや。」

これは篤胤が宣長学の基本的方法である、物のあわれの説を全く理解していないことを示す適例である。

物のあわれと君臣の道との関係

そのことは、しばしば引用される「哥の本体、政治をたすくるためにもあらず、身をおさむる為にもあらず、たゞ心に思ふことをいふより外なし。」（『あしわけをぶね』）という和歌の本質規定の言葉と比べるだけで充分であるが、また篤胤が『古史伝』二においても、宇多《うた》・阿波礼《あはれ》を知る心について『歌道大意』と同じく、宣長の言葉そのままをしきうつしていること、および、右の引用文のあとに、「然るに鈴の屋の大人《うし》の、此の卿たちの歌を甚《いた》くめでゝ、力を入れてほめ称へ、此の卿たちの歌のみやびを感《ぜ》ざる人は、真の宮比《みやび》も知《ら》ざる人のごと、うひ山蹈《やまぶみ》、玉勝間などに言れしは、唯に其詠口《よみくち》の巧に面白きを云はれしにて、其の真心を感《め》でられしには非ざるなり。」といっていることから考えていくならば、篤胤はもののあわれの説を理解していないのだと云い捨てるにおわらず、篤胤には独自の「物のあはれ」観があることに考え到る。

平田篤胤の「物のあはれ」観

彼は自分ではそれを宣長のそれと同じものと考えているが、実は異なっている。すなわち、篤胤の場合には、事にふれ物にふれてうごく心が規範としての「道」

の示す方向にそってうごく場合にのみ物の哀れとして認められる。君臣の道の大義に闇く、物の哀れに疎いと引きつづいていわれる所以《ゆえん》である。

それ故に、上皇の御難に際しても、安閑として京都にあって歌を作る、というのは君辱かしめらるれば、臣死すという道徳的規範にかなった行為ではないので、彼らは物の哀れを知る者とは認められないのである。宣長的な意味での和歌と物の哀れとの関連は、ここではたちきられている。

平田学の規範学的性格

以上から、和歌という事項についての二者の所論は、単に和歌（文芸）ないし物の哀れをめぐる見解において差違があるというにとどまらず、その思想としての性格が全く異なることを示していることが知られる。宣長学における道の性格的特徴を非規範的とすれば、平田学のそれはまさしく規範的性格を有することは右からよく分ったであろう。篤胤みずからも平田学を古道学といい規範学と心得ていること、つぎのごとくである。

古学とは、熟《よ》く古への真《まこと》を尋ね明らめ、そを規則として、後を糺すをこそいふべけれ。（『霊の真柱』下）

さて我が古道の学問におきては、負気《おふけ》なくも、天上天下、顕世幽界の微旨を探りて、是を身に本づけ、修身斉家はさらなり、治国平天下の道、また此に出る事の本を明さむと欲る学びなる故に……（『玉だすき』九）

平田学の構成　篤胤の『古史伝』は宣長の『古事記伝』に比すべき性格をもつものであるが、その最も大きな相異点は、後者が『古事記』の本文の註解という形式をとるに対して、前者は篤胤自身の編纂にかかる『古史成文』を本文としてたてているということである。この相異は宣長学と平田学との相異である。宣長は古代人の心を通して古代の事実をあきらかにすること自体を目的としたが、篤胤は現実的規範を把握することを目的として、その必要から古代の事実をしろうとした。それ故、宣長は古代人によって記された古典（『古事記』）によるほかはなかったが、篤胤はより多くの真実を含む資料が必要と考えたことは当然である。

『古史成文』編成の方法

『古史成文』は彼が「諸古典に見えたる伝《へ》どもを通考《まじへ》て、新に撰びたる古史の文なり。」(『霊の真柱』上)というように、多くの古典・古伝から平田的方法で真実の古伝をえらび出し、これをまた平田的に編集して、いかなる単一の古典よりも、真の古伝にちかいと信じたものである。しかし、これが単一の古典、例えば『古事記』よりも事実にちかいということは、それが篤胤の主観に従って編集されたものである以上、何によっても保証されえないことはいうまでもない。

彼がなぜこのような無理を敢てするのか、といえば、天地初発の事実をそのままに伝えた古伝を得て、その事実を正確に知る必要が、平田学の構造的特質としてあったからである。

平田学の構造的特質

それは平田学における道＝現実的規範が、天地初発以来の古代の事実を支柱として、はじめて成立つという構造的特質である。この平田学の構成を解明するに

平田学における「道」の内容

当って、私は、まずこの道の内容から検討しようと思う。

抑々《そもそも》我が皇神の道の趣きは、清浄を本として汚穢《けがれ》を悪《きら》ひ、君親には忠孝に事《つか》へ、妻子を恵みて、子孫を多く生殖《うみふや》し、親族を睦び和し、朋友には信を専《まめ》とし、奴婢を憐れみ、家の栄えむ事を思ふぞ、神ながら御伝へ坐《ま》せる真の道なる。(然れば公儀より、里処に建て示し給ふ御制札の第一に、忠孝を励み、夫婦兄弟諸親類に睦まじく、召仕の者に至るまで憐愍《れんびん》を加ふべし、若不忠不孝の者あらば、重罪たるべき事とあり、是ぞ神随《かむながら》なる真の道には有りける。)

(『玉だすき』一)

ここにみられる日常的生活の規範＝神代以来の真の道、皇神の道の趣きとは具体的には伝統的道徳・儒教的五倫五常の道を出るものではない。平田学における「道」は、このように伝統的・常識的であるが、ここで問題なのはこの道の内容ではなくて、平田学における他の全要素が「道」——現実社会においていかに生きるべきか、という実際生活の規範――を意味づけ、理論づけるという役割をもっている平田学の構成である。すなわち、「道」をいかに安定的に意味づけるか、が平田学における最大の課題であり、前述の『古史成文』の作成はこの課題に答えようとする努力の一端なのである。

その理由は以下のごとくである。

篤胤においては、道は与えられた存在（「誰モ身ニ付タル五倫五常ノ道ハ、学バズトモ知テ居ヨウガ……」（『西籍概論』下））であるが、道が生活の規範としての機能を発揮しうるのは、個々の人間がこれを自覚的に体得した場合にかぎられる。そして主体の側に一定の精神的条件が醸成されていなければ、その体得は可能でない。

この条件とは「大倭《やまと》心を堅めること」だと篤胤は考える（九九ページ参照）。しかし、いきなり心の姿勢をかためることはできないので、大倭心をかためるためにも、その媒介となる条件が必要であるが、それは霊魂の安定《しずまり》を知って、死後の安心を得ることである。

だが、どうすれば霊魂の行方を知ることができるのか、これが最終的な課題である。篤胤はこれに自ら答えて、つぎのようにいっている。

> さて、その霊の行方《ゆくへ》の、安定《しづまり》を知《しら》まくするには、まづ天地泉《あめつちよみ》の三つの成初《なりはじめ》、またその有象《ありかたち》を、委細《つばら》に考察《かむがへみ》て、また、その天地泉を、天地泉たらしめ幸《さちはひ》賜ふ、神の功徳《いさを》を熟知《よくさと》り、また我が皇大御国《すめらおほみくに》は、万の国の、本つ御柱たる御国にして、万の物万の事の、万国に卓越《すぐれ》たる元因《もとのいはれ》、また掛まくも畏き、我が天皇命は、万の国の大君に坐《ま》すことの、真理《まことのことはり》を熟《うまら》に知得て、後に魂の行方は知べきものになむ有りける。（『霊の真柱』上）

冒頭にこれらの問題をかかげた『霊の真柱』は上下の両巻を通じて、その問題の解答に努力をつづけている。

ここにみるように篤胤において何よりも重要であったのは、天地泉、すなわちトータルな世界の形成をめぐる事実であった。もちろん、この答解作業は古伝説を資料として行なう以外に方法がなかったが、絶対に正確な事実をとらえなければ、霊の行方の安定がえられないという切実な現実的関心に支配されて、その古典学の全体が著しく主観化された上で、あくまで事実の追求に重点がかけられたために、『霊の真柱』は、これにその基礎を提供した『三大考』が強い宣長の影響下に『古事記』によって、その作業を行なったのに対し、主観的にはより一層古代的事実にちかいものが得られると考えて、記紀あるいは他の古典から古伝説を選を択・補正したものを資料として書かれたものであり、これを本として『古史成文』が編成されるのである。

死後の霊魂の行方について

『古史成文』や『古史伝』にかぎらず、平田学の殆んどすべては直接・間接に、右の問題を解答するための事実の確認にささげられているといってよいであろう。

この平田学の構成についての理解をふかめるために、まず〔天地泉の成立以下の事実の解明」↓〔魂の行方を知ること〕↓〔大倭心《やまとごころ》を固めて道を体得すること〕という平田学の問題的構成における中間項、「死後の霊魂の行方」についての篤胤の考えとその意味についての検討からはじめる。

さきに「安心」の問題をとり扱った際に篤胤は、宣長の、人は死ねば善人も悪人もすべて、地下の根底にあるはなはだきたなく悪しきよみの国へいくといった安心論では、実は安心を得られないとして、死後、霊魂が日之少宮《わかみや》に生れるといって安心を与える妄作《もうさく》神道をすら羨んだことをのべたが、彼はさらにこの霊魂よみ行きの論をはっきりと否定する。

『霊の真柱』の先蹤《せんしょう》である『三大考』では、よみはすなわち月と考えるから、これを地下の根の国とする宣長の考えは否定するが、死せる肉体から離れた霊魂はよみの国へいくのである。

篤胤の霊魂よみ行き説否定の論法はつぎのごとくである。すなわち、篤胤は古伝には天地泉が三つに分離した後も、天と地は神々がしばしば往来したという事実があるが、地と泉とは大国主神が往《い》て還った後は、そのようなこと（霊のみの往来をも含めて）があったという事実も伝えも見えないということを根拠として、「此《と》は伊邪那岐の大神の彼の国を甚《いた》く悪《にく》みおもほす御心に、彼の国此の国の往還《ゆきかひ》を止め定給《おきて》へる、御謂《みいはれ》に因ることゝ見えて、いとも畏き御定になむありける。」と解釈し、「然《さ》るを古くも今も、人の死《しぬ》れば、其の魂は尽《ことごと》に、夜見国に帰《ゆく》といふ説のあるは、あなかしこ、伊邪那岐大神の、いみじくもおもほし定給《おきて》へる其神御慮《かむみはかり》をおもひ奉らず、また大国主神の、幽冥《かみごと》を掌《し》り治《しろ》し看《め》す、幽契《ふかきちぎり》の妙なる謂《いは》れをも順考《かむが》へず、いとも忌々《ゆゆ》しき曲説《まがこと》にて、慨《うれたき》ことのかぎりになむ有りける。」（『霊の真柱』下）と断定する。（「大国主神の……」以下については後述から知られたい。）

そして「凡人《ただびと》も如此《かく》生て現世《うつしよ》に在るほどは、顕明事《あらはにごと》にて、天皇命の御民とあるを、死ては、その魂やがて神にて、かの幽霊・冥魂などゝいふ如く、すでにいはゆる幽冥に帰《おもむ》けるなれば、さては、その冥府を掌《し》り治《しろし》めす大神は、大国主の神に坐《ま》せば、彼の神に帰命奉《まつろひまつ》り、その御制《みおきて》を承賜《うけたま》はることとなり。」（『同』上）と、死後の霊魂は大国主神の支配下にある冥府へ行く、と主張するのである。

その冥府はというに、よみ(月)のようにこの地をはなれたところではなく、この地球上のすべてのところに存在しているが、「幽冥《ほのか》にして、現世《うつしよ》とは隔り見え」ない。といって、幽冥は闇の世ではなく、「各々某々《おのおのそれぞれ》に、衣食住の道もそなはりて」この世も同様である。死者の魂は社《やしろ》・祠《ほこら》のある場合はそこに、ないものは墓《おくつき》の上に鎮《しず》まっている(それは古今東西を通じて、人の霊魂が墓のほとりで霊異《しるし》をあらわしたことが無数にあるという事実から分る。)(『同上』)。

かくして、死して後に「黄泉国《よもつくに》の、穢き国に往かむかの」心配は無用となる。だが、幽冥にはいった霊魂は、その生前の行ないについて大国主神の審判をうけねばならない。「幽冥事を治め給ふ大神は、其《それ》(顕《あらわ》に知られなかったために現世の君が見のがした善心善行・悪心悪行)をよく見徹《とほ》し坐《まし》て、現世の報《むくい》をも賜ひ、幽冥に入たる霊神《たま》の、善悪を糺判《ただしわか》ちて、産霊《むすび》の大神の命賜《おほせ》へる性《まごころ》に反《そむ》ける、罪犯《つみおかし》を罰《きた》め、其《かの》性の率《まにま》に勉《つと》めて、善行ありしは賞《めぐ》み給ふ」（『古史伝』二三）のである。

その神の法廷は出雲の大社におかれているが、ここでは人間は自己の行為（動機から結果に至る全過程）に対して責任を負わされる。

宣長学の論理からはこういうことは出てこなかった。宣長においては幽冥の成員は神々のみから成り、大国主神がそれらを主宰していたが（ただし、出雲の大社にあって、神々を主宰しているのは、その「御霊」であり、現身はよみの国にある（『古事記伝』一四））、それらの神々は「善も悪も有て、その徳もしわざも、又勝れたるあり、劣れるも有り、さま〳〵にて、さらに一準に定めがたきもの」（『くずばな』上）であり、また「甚《いた》く荒び坐《いま》す時は、天照大神高木の神の大御力にも、制《とど》みかね賜ふ」（『直毘霊』）までの力ある悪神禍津《まがつ》日《ひの》神までであって、それらの神々がそれぞれに冥界で活動する結果が、顕界における日々の現象であって、人間はこれらに対し受動的存在であり、現実世界構成の能動的要素とはなりえないので、自己の行為についての帰責は明らか

篤胤自筆和歌短冊（東京　友枝高彦氏所蔵）

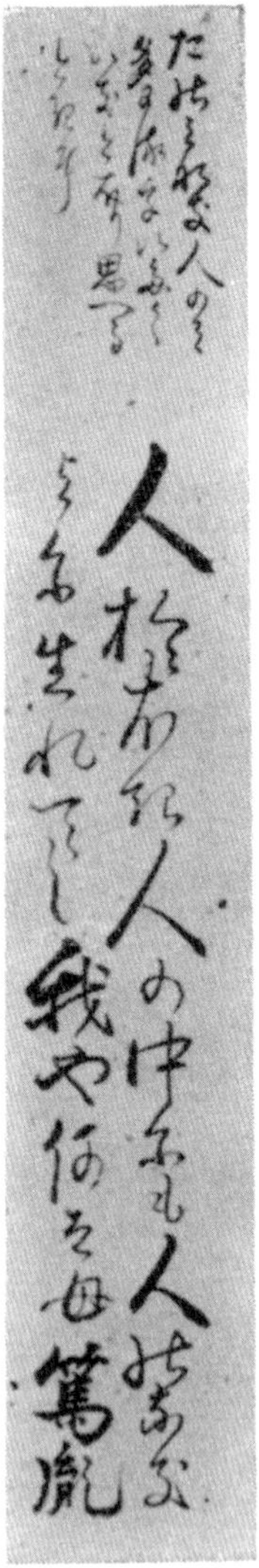

たのみなき人のみ多かるをいたくいきとほり思へるときに

人おほき人の中にも人のなき
よに生れてし我や何そも

篤胤

でなく、死後の審判といった考えは出る余地がないからである。

この宣長的考えから篤胤のそれへの移行の前提として、篤胤においては、悪神大禍津日神が善神へとその性を転換せしめられる。

大禍津日の神と称《まお》すは、……世に穢らはしき事ある時は、甚《いた》く怒り給ひ、荒び給ふ時は、直毘《なほび》の神の御力にも及ばざる事有りて、大き御功徳《みいさを》を為し給ひ、……世の禍事《まがごと》・罪穢《つみけがれ》を祓ひ幸《さきは》へ給ふよき神に坐《ま》せり。穴かしこ、悪き神には坐《まし》まさず。

（『鬼神新論』文政三年刊）

大禍津日神は本来は善神で、ただ人間の行為によって世にけがれができる場合に、怒り荒ぶるのであり、その結果悪事・枉事が発生するのだから、結局はそれは人間の責任なのである。

かくして神々の本性は善に一元化せられ、その結果として人間の自らの行為についての帰責は明確化する。

ただし、善人が禍事に逢いつつ世を終り、悪人の幸福を得て世を終る類は実は多いのであって、これは夜見の穢から生れた妖神《まがかみ》・邪鬼《まがもの》どもの所為《しわざ》である。幽事を支配する大神がこういうものを許容しているのは、これらの行為が人々に実の徳行をなさしめる媒《なかだち》とならんためである。

人生の実情に即した説明がこのようにはっきりと牽強附会《けんきょうふかい》であることは、逆に神々についての性善説が、平田学における強い理論的要請によることを思わしめる。

篤胤は死後の魂の行方の安心を説いて、霊魂が黄泉国に行かず幽冥にあるとしたが、それ自体が安心なのではなく、それは安心を得ることの可能性を示すにすぎない。幽冥に赴いた魂はその生前の仕業によって、大国主神の審判をうけねばならないからである。

本当に死後の安心が得られるのは、大国主神によって罰せられず賞せらるるの保証あってのことである。しかし、右のように人間の行為に対する帰責が明らかであるということは、逆にその行為が死後の審判の結果を左右しうることを意味する。

だが、こういいきるためには、大国主神の「神」としての性格を検討する必要がある。

篤胤によれば、大国主神は「此の世界に有ゆる鬼神の、首渠《をさ》神《かみ》と坐《まし》て、治め給ひ、幽より世人の善悪を見行《みそなは》して、死後に其の賞罰を糾判し給ふ」（『印度蔵志』五）といわれ、その自由な判断によって、霊魂の審判を行なうような印象を与えるが、一方篤胤は、宣長が『古事記伝』一四において、『古事記』の本文にある「僕《あ》は、百《もも》たらず八十《やそ》坰手《くまで》に隠りて侍《さもらひ》なむ。」という大国主神の言葉を注釈して、「今此の大神の、神事を掌り治《しろし》めすも、即《ち》皇朝の大政を幽《ひそか》に助け奉り給ふなれば、侍はむと云ふに、其の意はこもれり。」というのを肯定して、大国主神が全能の神ではなく、冥界から顕政を助けるという目的に従って幽事を主宰すべく、その性格を規定されていると断定する（『霊の真柱』下）。

この神はまた死後の霊魂に対してばかりでなく、「幽冥事《かくりごと》とて、国の治乱吉凶、及び人の生死禍福など、凡て誰が為す態《わざ》とも知らず行はるゝ神事の原を、裁判し給ふ大神に坐す」（『玉だすき』四）のであるが、この大国主神についての説明は、幽事が実は顕事のために存在していることをあきらかにし、かつ、この神の行なうすべての裁判の具体的基準は、それ故に、人間に対して与えられた「道」＝皇神の道にほかならぬことを考えるに至らしめる。

ここに至って、死後の安心を得るか否かはかの伝統的・常識的な皇神の道を遵守するか否かに基づくことが、すなわち、人間の行為（その全過程について）次第であることが判明する。

これこそ篤胤が魂の行方の安心について、「古人もかつてはいはず、師もいまだ考へられざりし説」（『霊の真柱』下）と誇るものであろう。ここに考え到れば、平田学の構成における「道」が、いかに重要な存在であるかを思い知らざるをえず、平田学が宣長学と質的に異なる規範の学であることの意味を知ることができるであろう。

私は右に前記の平田学の問題的構成における中間項「死後の霊魂の行方」につ

いて考察したが、この問題をめぐる篤胤の考えは、その対象が死後の問題であるにかかわらず、著しく現世的↓現実体制的秩序の確保を志向するものであることが知られた。しかして、それは「抑《そもそも》此世は、吾人の善悪きを試み定め賜はむ為に、しばらく生《あれ》しめ給へる寓世《かりのよ》にて、幽世《かくりよ》ぞ吾人《われ》の本つ世」(前引)という平田学の宗教的傾向を示す言葉といささかも矛盾するものでなく、この言葉が実際に働く意味を考えるならば、これはまたちがったかたちの表現とみることも無理ではあるまい。

平田神道は宣長学に対して宗教的色彩を濃化しているが、しかし、基本的には幽冥が顕露のためにあるという現世的性格はうごかすことができない。

この中間項の解明から平田学の構成における「道」の意味があきらかとなり、死後の安心と現実との関係が知られたであろう。

この問題をめぐる平田学の理論構成において、もっとも重要な点は「幽冥」についての説明の部分である。この部分が誤謬であれば死後の安心も、現実的全秩序も忽ち崩壊に瀕するほかはない。また逆にそれが真実であるならば――篤胤のコンテクストにおいては――平田学の全主張は真として確定し、人間社会の基本的諸問題（と篤胤が考えたところのもの）は悉く解決するのである。

これは平田学の理論的構成における扇の要《かなめ》といってよい。されば篤胤はつぎのごとくにいう。

抑《そもそも》大国主の神のしろし看《め》す幽冥の事は、神の道の講説の中にも、やごと無き事にて、此の道理をよく明らむるは、人の実徳に至るべき根元なる故に、霊の真柱を著はせる始より、此の事を専《むね》とのべて、古史伝には殊に委しく書著はし、其の後に鬼神新論を再訂し、西蕃太古伝をも作れるが、共に漢籍に依りて、其の義を明し、後に印度蔵志を作りて、其の国書の説に依りて、其の旨を説き、なほ古今妖魅考など、其の余にも書きと書きたる書《ふみ》ども、事の因《ちなみ》に、此の旨を著述せずと云ふこと無きは、世に知がたき事は多く有れども、幽冥の道理ばかり、知り難き事は有ること無き故に、此を考への及ばむ限り知り明して、自らその実徳を修めて人にも及ぼし、古《いにしへ》に謂《いは》ゆる物識人《ものしりびと》の数にも数へられて、此の道に功績を立むとの態なり。然《さ》れど其の思ひ得たる事をし、一書には記し肯《あえ》ずて、彼にも此にも説たれば、右に云ふ書等を、みな熟《よ》く見て其の旨を得べし。　（『玉だすき』四）

ここに彼自らがいうように、幽冥のことが成熟期における篤胤の諸著に分散して記述されているのは、それが重要であり、また知り難いことであるからであるばかりではない。それはまた平田学の〝やむをえざる〟構造に由来するのである。幽冥、それは歴史的存在ではなく、超歴史的な、または常に現在的な存在であるが、その構成や機能は、それが成立した由来――宇宙のはじまりから天地泉おのおのの形成の事情とそれをめぐる神々の働き――に基づいて知るほかはない。

この場合、その典拠となるのが——日本にのみ古伝が正しく伝わったという独断によって——日本の古伝説である。ここでは神代の事実、天地のはじまりといった事実を正しく知ることが第一の目的であるから、宣長のように『古事記』一書に執するという態度はとらず、多くの古伝に正しい事実を求めて『古史成文』の編集に代表されるような態度と方向によって、仕事が行なわれる。それ故に篤胤は当然文献第一主義をとらず、祝詞などの伝承をも採用する。

篤胤は、祝詞は皇孫がこの地に降って、神祭を主として政治を行なうために伝えられたものであるから、これを代々の天皇が神祭ごとに大切に厳重に称《とな》え伝えてきたので正しく伝わり、それに比べると記紀の伝説は、多くの家々に伝わったもの、また世にひろくいい伝えた伝説を集めたものであるから、自然にまちがっているものがまじっているのだ、とその伝承の仕方を吟味した上で、それは神ながらの家事に違うことなく、万物の理にかなっているとして、鎮火祭詞や古い祝詞にみえる事実を「故事の本」として採用する（『古史徴開題記』）。これは文献学的な宣長学の枠をこえて、のちの民俗学へとつらなる方法的志向である。

しかし、天地初発ということは唯一つしかないことであるから、日本国のみならず万国にとっての「天地初発」であり、いかに正しい日本の古伝といっても伝説である以上、事実を明らかにするに十分でなく、他国の古伝によって補完する必要なしとしない上、他国の古伝を旁証としないと、わが古伝の真実性を保証することができない。

抑《そもそも》天地世界は、万国一枚にして、我が戴く日月星辰は、諸蕃国にも之《これ》を戴き、開闢の古説、また各国に存《のこ》り伝はり、互に精粗は有るなれど天地を創造し、万物を化生せる、神祇の古説などは、必ず彼此《かれこれ》の隔《へだて》なく、我が古伝は諸蕃国の古伝、諸蕃国の古説は、我が国にも古説なること、我が戴く日月の、彼が戴く日月なると同じ道理《ことはり》なれば、我が古伝説の真正を以て、彼が古説の訛《あやま》りを訂《ただ》し、彼が古伝の精を選びて、我が古伝の闕を補はむに、何《な》でふ事なき謂《ことはり》なれば、……

（『赤県太古伝』一）

篤胤のインド学・中国学はこの必要から生れた。これら諸外国の古伝説を悉く考察した後に、わが古伝についての研究が完成的段階に達し、その上で天地を開闢した大神等の広大なる御功徳も明らかになるのだ、と篤胤はいっている。

結局は幽冥のことを説きあかそうとする篤胤の学問は、その必要の上からこのように分岐せざるをえなかった。幽冥についての記述が諸書に分岐しているのはこのためである。

しかし、内外の諸古伝をいかに多く集めても、それだけでは「神世の故実」、「天地の初発の趣」を知ることはできない。一定の基軸を中心として、これらの古伝にあらわれる事実を体系的に排列することが必要である。この基軸とは篤胤によれば「倭魂《やまとたましひ》の真柱《みはしら》」といわれ、造化三神による天地の創造を中心とする日本の古伝説こそが真実であると考える立場をいう。

この立場を確立した上で彼は、天地泉となる原質的世界を創造せんとする造化神に自らを擬しこれら諸資料を操作して、事実に密着した原伝説を再現しようとする。

造化の首《はじめ》を作《な》し坐《ませ》る、三柱の神の御上より見ましけむ心になりて、此ノ国土をしばらく離れて、大虚空《おほぞら》に翔《かけ》り、此ノ国土を側《かたはら》より見たらむ心をもて考へずば、真の旨を得ましくなむ。（『古史徴』二上）

しかも、同時にこの過程が日本の古伝説を確証して、わが神々の功徳をあきらかにするものとなるのだ、というのが篤胤の考えである。

ただし、これはあきらかに結論と前提とを混同した循環論法であって、このために篤胤は事実を最終的に証明できず、また平田学そのものが未完成に終らざるをえない原因となる。

以上によって、平田学の構成を要約すると――現実社会秩序において、いかにして安定的に生きるべきか、が平田学の根本問題であって、この解決方法として、「道」＝現実生活の規範の遵守ということがいわれる。しかし、このことがいわれるためには「道」の遵守によって、人間にとっての最大関心である死後の霊魂の安定が保証されなければならない。それ故、理論的にもっとも基礎的となるのが、道の遵守と死後の霊魂の状態との関係をしかるべく確認するという作業であり、古史学以下広く分岐する平田学の諸要素がそれに当るわけである。そして、この平田学の構成こそが、そのままにその特質をなすのである。

3　平田学成熟期の著作㈡

2の終りにのべた原伝説再現のための作業によって生れたのが、『古史成文』『古史徴』『古史伝』のいわゆの古史学の三部作である。

『古史成文』

『古史成文』の成立および内容については、本節のはじめ以後にふれてきたが、神代部上・中・下の三巻から成る。これは『古事記』にならって一五巻推古朝まで扱う積りであったが、三巻のみが完成され刊行されたにとどまる。篤胤は『古史徴開題記』のなかで、「阿波礼《あはれ》篤胤を知るものそれ唯この成文なるかも。篤胤を非《そし》るものもそれ唯この成文なるかも。」といっているが、篤胤における古史学への道を知る者としては、この篤胤の感慨は容易に理解できるであろう。

『古史徴』

『古史徴』は『成文』の徴（あかしぶみ）として作られた。その草稿ができたのは

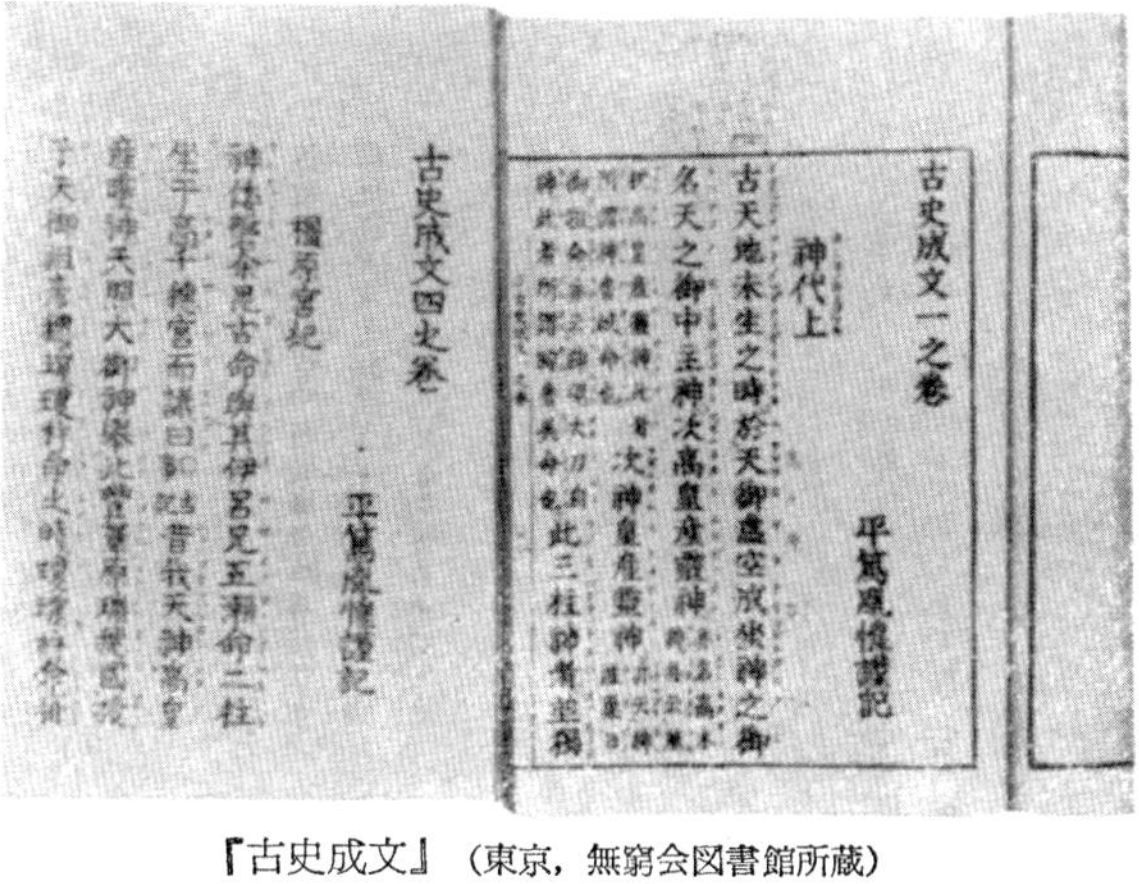

『古史成文』（東京，無窮会図書館所蔵）
右は刊本，頭部の書入れは井上頼圀の朱筆。左は木版の版下原稿。

『古史徴開題記』（東京，無窮会図書館所蔵）

前記のごとく文化八年の暮であるが、これを四巻に整理して刊行されたのは文政二年と考えられる。

この書は、はじめに開題記・春夏秋冬の四冊がある。春は古伝説の本論、神世《かみよ》文字の論、古史二典（『古事記』と『日本書紀』）の論上、夏は古史二典の論下、『新撰姓氏録』の論、秋は上の件三典に添読べき書等の論上、冬は同下から成っており、以上が一の巻である。この開題記は『成文』に用いられた祝詞・記・紀・古語拾遺・姓氏録・出雲風土記・古事記伝の七部をはじめ、律・令・格・式・和名抄など古道の典拠とすべき古典の解題なのである。

神世《かみよ》文字の論について　篤胤は当初は宣長の説をついで、わが国は神代以来固有のいわゆる神代文字なるものはなかったとしていたが、後にこれを疑い神代文字はたしかにあったと主張するようになった。開題記春の第二章はその主張のはじまりであり、『神字日《ひ》文《ふみ》伝』（文政二）に至って、その文字の正体にまで説き及んでいる。

『古史徴』の特色

二―四の巻は、『古史成文』一六五段のおのおのについて、古典を取捨して『成文』の本文とした徴証をいちいちあげたものである。

その特徴は、第一に祝詞を重視したことで、その理由についてはすでにのべた。第二は古風土記の断簡をはじめ、『神道五部書』『元々集』『本朝事始』『神祇本源』『天孫本紀』『年中行事秘抄』『雲州樋川天淵記』『神祇譜天図説（神名秘抄）』『皇字沙汰文』『大倭神社註進状』といった後世の書を、そのうちに古伝の遺文ありとして、多くかつ自由に使用していることである。これは既述した

『古史伝』の板木（秋田県立秋田図書館所蔵）

篤胤の古史学の目的と方法とから了解されるところであるが、その方法自体に論理的誤謬を含むために、これらの成果についての客観的価値が低いことは当然である。第三は須佐之男命即《そく》月夜見神説をはじめ、異神同一神説が多いことである。これは多くの伝説を整理・統合した当然の結果で、これを篤胤は一神の御魂が和魂《にぎみたま》と荒魂《あらみたま》とに分離して、別神のごとくに振舞うという説をたてて解釈している。

『古史伝』三七巻は文化九年に起稿され、一一年に第八巻までが、一二年に第一二巻まで、一四年に第一六巻まで、文政四年に第二〇巻まで、その後、生存中に第二八巻(一四三段)までが刊行のためにまとめられた。

『略記』文政八年(篤胤、五〇歳)の項に、「古史神代の伝、大抵草稿成れり」とあるが、篤胤の草稿は一四九段までであったのを、明治一一年になって、矢野玄道が鉄胤《かねたね》の依嘱によって、一四四段以後について続攷《こう》し、全巻を完結せしめたものである。

『古史伝』は『古史成文』を本文として、一段ごとにその註釈(伝)をするという形式によったもので、形式的にも内容的にも宣長学のエンサイクロペディアともいうべき『古事記伝』に対応し、古道の真意はすべてこの書に説き尽されたといわれる。しかし、この書は『古事記』が推古朝までを扱っているのに対して、『成文』が神代で終っている関係もあって、その後に筆が及んでいない。これは篤胤が五〇歳を転機として、研究を中国学の方にむけていったからであるといわれているが（村岡『宣長と篤胤』）、それでは、なぜ、篤胤は神代の部の草稿を一応終えた後に、中国学・インド学といった外国の古代学・神話学に傾いていったのであろうか。

それは『古史伝』が単に『成文』の註釈ではなくて、天地初発の趣きを真に知ることを直接の目的とし、篤胤の一切の学問を傾倒した平田学のエンサイクロペディアであったことと関連する。篤胤は、わが皇国が本っ国であり、天皇が万国に王たるの道理を示す天地初発の趣き、神代の故実を本当に知るためには「万国の風体」を知らねばならないと考える（この主張については既にふれた）ことから、わが古伝説にもとづいて、神代の事実を一応明らかにした時、その研究の方向が外国学にむかうのは、むしろ必然といえるだろう。しかし、篤胤はその外国学研究ののちは再び『古史伝』にかえらざるをえない。そして、その後も『古史伝』を補正すべく外国学その他この目的のための補助学を追求し、真正なる『古史伝』を作り出すほかはあるまい。

だが、このことがそれ自体、循環論であることはすでにのべた。故に真正なる『古史伝』は「青い鳥」とならざるをえず、平田学は永久に未完成の段階にとどまらねばならない運命をもつのである。

幽冥を知るための直接的方法

平田学を構造的に理解することにおいて、平田学では幽冥のことをあきらかにするための中心的支柱として、古史学が展開したことは、以上にのべたごとくであるが、同じ目的に対して、さらに一つの方法、いわば直接的方法が存在する。

それは生きながらに幽界に赴いた者の見聞によっての方法であって、「諸夷《から》にも大倭《やまと》にも、たま〳〵は現身《うつしみ》ながらに幽冥に往還《ゆきかひ》せるものもあるを、然《さ》る事の実を、つら〳〵に糺し考へて、その状《さま》を暁《さと》るべし。」（『霊の真柱』下）なる言葉にあきらかにみえる。これは奇異・妖怪について「神の道を知ざる人は、いと有るまじき事と、怪しみ思ふめれど、熟《よ》く神の道の理を弁《わきま》へたらむ人は、奇《あや》しとは思はざらまし。」（『玉だすき』三）との見解を前提としてはじめていえることであるが、これまた篤胤によれば、古学の肝要なのである。

『稲生物怪録』

この種の著作のもっとも早いものは文化三年の『稲生物怪録』の序文である。

『稲生物怪録』四巻は、享保年間、備後国(広島県)の稲生平太郎という一六歳の少年が比熊山に登り、月余にわたって物怪の首長山本五郎左衛門の配下の妖怪どもに苦しめられたが、ついにこれにうち勝ち、その身を全うすることができた。その際、平太郎を守護したのは産土《うぶすな》の神であったという物語で、篤胤はこの異本三種を得て校正したのであって、その著書ではないが、その序文に「そも〱このものがたりよ、大方の世の人は疑はじを、ものしれる人は信《うけが》はで、うけがふ人を愚なりといはまし。己もこをうけがふ大よそ人の徒なり。もの知れる人はをことやいはむ、しれものとやいはむ。そはとまれ、あとあるをいかにかはせむ。かばかり怪き天地の中にゐて、おのが身のあやしきをさへ、えしらぬ人のさとりなるをや。」(『気吹舎文集』一)とあって、妖怪に対する篤胤の考えを示している。

篤胤はここにも「あとあるをいかにかはせむ。」といっているように、その主観において実証可能かどうかを、条件として怪奇なるものに対しているのであって、そのすべてを無条件的に信じているのではない。それは右に引用した『玉だすき』三の文章のあとに、「凡《すべ》て世にくさ〴〵聞ゆる、奇異《あやし》き事どもに、信ずまじき有り、信ずべきあり。」といっていることから知られる。

しかし、著書としての最初のものは、文政四年の『古今妖魅考』であり、つづいて翌五年には『仙境異聞』『勝五郎再生記聞』が著わされて、ここに幽界研究のピークをかたちづくるのであるが、この時期が『古史伝』の草稿がほぼ終ったころに合致しているのは、けっして偶然とは思われない。

『古今妖魅考』

『古今妖魅考』七巻は、鉄胤が本書の「縁起」において、「これの古今妖魅考といふ書は、林の羅山先生の説《ときごと》に依りて、我父の、世に化物《ばけもの》と云ふものある、其本縁《もとのいはれ》を考覈《かむがへきは》められたる書なり。」というように、林羅山の『本朝神社考』——それは、わが国は神国であって古来神祇を祭るのを専らとしていたが、仏教が伝来し、のちには本地垂迹説などが説かれるようになって、神道と、仏教とが混淆《こんこう》してしまうという嘆かわしい状態に陥っている現在の状況から、仏教を排して神道を純粋な上古の状態に復《かえ》そうとする目的から書かれたが、就中《なかんずく》、妖魅である天狗についての考察を中心としている。――に共鳴した篤胤が、直接には幽冥のものである妖魅なるものの本質と実態とを究明しようとして、広く和漢の書に典拠を求めて、羅山の説を拡充したもので、その内容は天狗の名義をはじめとし、ことに仏僧が破戒や高慢の為に魔道におちて釈魔となったことについてくわしく述べ、さらに天堂・地獄の説が幻想にすぎ

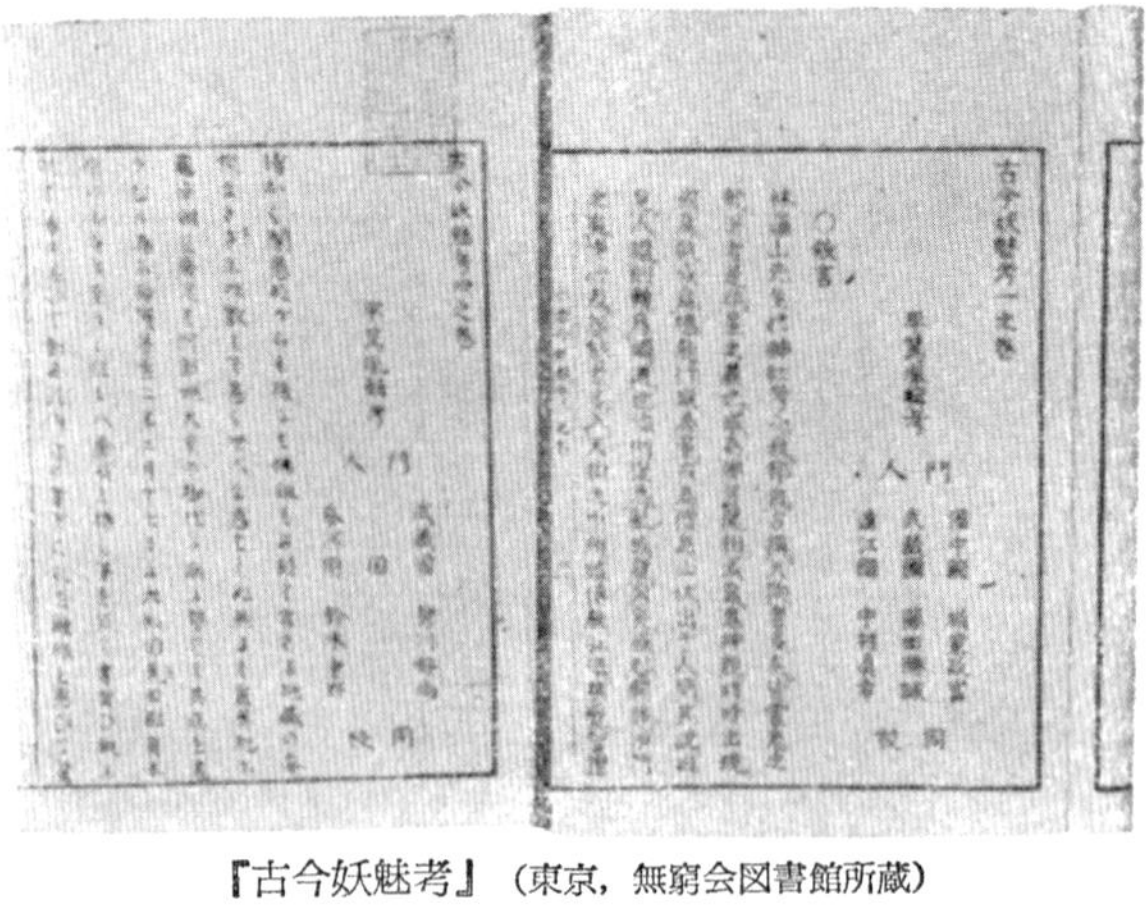

『古今妖魅考』（東京，無窮会図書館所蔵）

ないことまでに及んでいる。

『古今妖魅考』は文献について化物のことを究めたものであるが、より本格的な幽界研究の成果は『仙境異聞』二巻である。これは巻頭に「平田篤胤筆記」とあるように、仙童寅吉なる一五歳の少年からの聞書であって、厳密な意味の著書ではない。

『仙境異聞』

寅吉＝天狗小僧

寅吉はまた天狗小僧といわれ、七歳の時から杉山組正と称する山人に伴われて、常陸(茨城県)の岩間山で修行し、幽界に赴き諸外国をも廻ったものであると称し、呪術等を操って当時江戸の評判であったといわれる。篤胤はここに現世・幽界を往復した人物を見出したとして喜び、文政三年一〇月、寅吉の寄寓先である篤胤の友人、山崎美成の許《もと》から、寅吉を連れ帰って、彼から山人の住む仙境(山人とは悪霊のなった天狗とは別なものであり、仙境は幽冥界の一部と考えられた。)のことについていろいろときくことにつとめ、山人の衣食住・祭祀・修行舞楽のことから医療・

呪術・奇術などまで、寅吉の答えたことを筆記したのが本書である。

篤胤が余りにこの少年を信頼し、関係を深めるので、篤胤が自己の主張を仙童に託してのべさせるのだと、世評も悪く誹謗をなすものなどがあって、その門弟・友人らが心配し諫言したが、篤胤は真剣かつ熱心でこれを顧みなかったことは当然である。

寅吉が山に入るとして、平田家を去る時（十数日で再び帰って来たのであるが）篤胤がはなむけとして、

寅吉が山にし入らば幽世《かくりよ》の　知らえぬ道を誰にか問はむ

などの歌をよんだこと、また、この時、岩間山の山人宛に書簡を托したこと、および、その書簡の内容は篤胤の態度の真剣なことを示している。

その書簡はつぎの通りである。

今般不慮に貴山の侍童に面会いたし、御許の御動静略《ほぼ》承り、年来の疑惑を晴し候事ども

これ有り、実に千載の奇遇と辱く存じ奉り候。其に就き失礼を顧みず、侍童の帰山に付して一簡呈上いたし候。先《ッ》以《て》其御衆中ますく御壮盛にて御勤行《ごんぎょう》のよし、万々恐祝し奉り候。抑々《そもそも》神世より、顕幽隔別の定まりこれ有る事故、幽境の事は現世より窺ひ知り難き儀に候へども、現世の儀は御許にて委曲御承知これ有る趣に候へば、定めて御存じ下され候儀と存じ奉り候。拙子儀は天神地祇の古道を学び明らめ、普《あまね》く世に説《き》弘め度き念願にて、不肖ながら先師本居翁の志をつぎ、多年その学問に刻苦出精いたし罷在《まかりあり》候。併《しかし》ながら現世凡夫の身としては、幽界の窺ひ弁《わきま》へがたく、疑惑にわたり候事ども数多これあり、難渋仕り候間、此以後は御境へ相願ひ、御教誨《きょうかい》を受候て疑惑を晴し度存じ奉り候。此儀何分にも御許容成し下され、時々疑惑の祈願仕り候節は、御教示下され候儀相成《る》まじくや。相成べくば侍童下山の砌《みぎり》に、右御答成し下され候様偏《ひとへ》に願上奉り候。此儀もし御許容下され候はゞ、賽札《さいさつ》として生涯毎月に、拙子相応の祭事勤行仕るべく候。偖《さて》また先達て著述いたし候霊《たま》の真柱《みはしら》と申す書御覧に入れ候。是は神代の古伝によりて、及ばずながら天地間の真理、幽界の事をも考記仕り候ものに御座候。凡夫の怯《よは》き覚悟を以て考候事故、貴境の電覧を経《へ》候はゞ、相違の考説も多くこれあるべしと、恐々多々に存じ奉り候。もし御一覧成し下され相違の事ども御教示下され候はゞ、現世の大幸勤学の余慶と、生涯の本懐これに過ぎずと存じ奉り候間、尊師へ宜しく御執成し下され、御許容これ有り候様偏に頼み奉り候。一向に古道を信じ学び候凡夫の誠心より、貴界の御規定如何と云事をも弁へず、書簡を呈し候。不敬の罪犯は、幾重にも御宥恕《ゆうじょ》の程仰ぎ願ふ所に候。恐惶謹言。

十月十七日　　平田篤胤（花押）

常陸国岩間山幽界

雙岳山人御侍者衆中

（この件については、渡辺金造「篤胤と天狗小僧」前掲書所収にくわしい。）

『勝五郎再生記聞』

『勝五郎再生記聞』は、武蔵多摩郡中野村（現、東京都中野区）の百姓源蔵の次男で当時九歳の少年であった勝五郎が、自分は同郡程窪村百姓久兵衛の子で文化七年六歳の時に死んだ藤蔵の生れかわりであると称し、死後、冥界で産土《うぶすな》神熊野権現に会い、ついに当家に再生するに至ったことを語ったことについての、篤胤自身による、直接本人に面会しての、再調査の記録であるが、彼はこれについて考察を加え、この再生の事は産土神の計らいであり、産土神のその所為は幽冥の主宰神である大国主神の幽政の分掌行為であることなどをのべて、『古史伝』にのべたところを側面から証明しようとしている。

篤胤における直接的方法による幽界研究の成果は大体、以上のごとくである。平田学におけるその意味については既述から知られることと思う。

七　関西への旅行と鈴門との関係

文政六年（一八二三）七月二二日、篤胤は京都への旅に出発した。彼にとって上京は久しい希望であったが、機はようやくここに熟したのである。その旅立ちに当って彼は、

せせらぎに潜《ひそ》める龍の雲を起し　天《あめ》に知られむ時は来にけり

と、その旺《さか》んな意気を示しているが、この上京の目的は、(1)著書の御所への献上、(2)本居宗家訪問、(3)宣長の墓所である山室山《やまむろやま》参詣を中心としたものである。

彼は八月三日に熱田宮に詣で、六日に京都に到着、九月一日、富小路貞直を介して光格上皇へ、また門人六人部《むとべ》節香《さだか》・是香《よしか》父子のはからいで仁孝天皇に著書を献上して、第一の目的を遂げたのち、大坂を経て若山（現、和歌山市）へ行き本居大平を訪

本居大平肖像（本居長世氏所蔵）

ねた。

両者は『三大考』をめぐる論争においては意見を異にし、ことに篤胤は厳酷な言葉を以て大平の考えを攻撃した間柄であったが、ここに初めて面会するにおよんでは、大平の温和な人柄の故もあって、終始好意的な雰囲気であったと伝えられる。ここで篤胤は、

武蔵野に漏堕《もれおち》てあれど今更に　より来し子をも哀《あはれ》とは見よ

の歌を贈り、大平はこれに対し、

人のつらかむばかりものいひし人　けふあひみればにくゝしもあらず

と答え、また篤胤に宣長の肖像や遺品を贈った（一五ページ参照）。

その後、彼は大和・伊勢を経て伊勢神宮に参拝し、一一月四日に山室山（松坂附近）に詣で、

束《つか》の間も忘れずあればけふ殊に　偲《しの》び申さむ言の葉もなし

をしへ子の千五百《ちいほ》と多き中ゆけに　吾《あ》を使ひます御霊《みたま》畏し

などの歌を献じ、ついで松坂に鈴の屋を訪ねて春庭に会った後、東海道を経て一九日に帰宅した。

この篤胤の関西への旅行が、彼の願望をみたしたことは右にみたごとくであるが、またこのことは鈴門一派にかなりの衝撃を与えた。文化一〇年、篤胤が宣長門人と称し『霊の真柱』を公刊した際、本居門の人々のうちに動揺が起り、それをめぐって諸国の門人から本居大平に質問や意見がよせられたことについてはすでにのべたが（一五七ページ）、大平はこれらに対し、――例えば千家《せんけ》清主の「厚胤は御門人に

御座候や承度存候。」に対しては、「故翁歿後に春庭門人になりたる男也。」といい、また「はげしくつとむる志とは存じ奉り候得共、自分うけがたき事多く相み申候如何。」に対しては、「はげしくつとむる人にてたのもしく御座候。中には又よき事も御座候。」と答えているように、――篤胤の学説にはどこまでも同《どう》じないことを明らかにしながら、形式的にも内容的にも篤胤を鈴屋社中の人として認め、全面的に排斥するような態度は示していない。

それから一〇年たって、篤胤がその学説の中枢部を確立し、「せゝらぎに潜める竜の雲を起」さんとする意気ごみで上京したのであり、本居宗家《そうけ》である大平の態度が好意的な中立のそれであったので、篤胤を宣長門人として認めるべきか、認めるべきでないかの説、および『三大考』についてのその論説などの問題をめぐって、学説・派閥的感情がからみあって、鈴屋門人中に波紋をなげかけたのは自然であろう。

篤胤が上京した際、直接、篤胤に接した鈴屋の門人たちは、果して彼を賞揚するものと排斥するものの二派に岐《わか》れ、おのおのその意見を大平のもとへ書送った。これらの書簡は大平によって整理され、篤胤の門人、羽田野敬雄によるその写本が篤胤に伝わって『毀誉《きよ》相半書《そうはんしょ》』（一名『本教道統伝』）と題して保存されていたのを、後に鉄胤《かねたね》が論評と補遺を余論として加えて天保五年以後に刊行した。これによって、当時の状況を知ることができるのである。

『毀誉相半書』

その親《しん》篤胤の代表者は服部中庸《なかつね》であり、排斥側は京都に「鐸《ぬで》の屋」と称する鈴の屋の支社を設けていた城戸《きど》千楯《ちだて》（安永七―弘化二 一七七八―一八四五）、大坂の一柳《ひとつやなぎ》（村田）春門《はるかど》（明和二―天保七 一七六五―一八三六）らである。

篤胤は京都に着いてすぐ八月七日に「鐸の屋」を訪問したが、この時たまたまそこに居合わせた服部中庸に会うことができた。中庸は当時、箕田水月と称して京都に居たが、その日は「鐸の屋」で病気療養中の藤井高尚（宝暦五―天保一一 一七五五―一八四〇。備中国吉備津宮の神主で文政四年には江戸の平田家に百余日滞留したことがある。）の見舞に来たのである。篤胤が『三大考』をめぐる論争以来、積極的に中庸を支持し、さらにその説を発展させてきたことは、すでに説いたところであるが、中庸に実際会うのはこれが初めてであった。

服部中庸の篤胤観

中庸は篤胤に会った上での感想を、九月一一日付の本居大平宛の書簡の中で、「八月七日鐸の屋にて藤井高尚と物語居候所へ、大江戸の平田篤胤上京と申参候に付初而《はじめて》対面仕り、扨て大道之議論に及候処、弁舌流るゝが如く、拡覧高才万人に勝れ、実に故大人《うし》の後此《かく》の如き人物未だ見聞に及ばず、先師のお弟子大兄春庭翁を初め五百余人これ有り候得共、篤胤に及ぶべき一人も御座無く候。」と述べた後、宣長学の本領は古道の学であるという師翁の遺言を篤胤に伝え得て、もはや思いのこすこともないと（一四ページ参照）、篤胤を極力賞揚して大平との面会をあっせんしようとしたのであるが、このすぐ後に京都における鈴門の人々の篤胤の上京に対する動向について、「扨《さ》て篤胤事、京都鐸の屋に集る蠅声蟲の子等は、其の才学の高きを妬《ねた》み憎み、自己の不才短学を包みて一人も出でず、此の頭取は千楯也。」と報じている。

千楯は大平宛の書簡で篤胤について、「彼人は学は大に出来候人にて当時の学者也。其学問の趣は故大人の見識とは大に相違の処ある趣也。実に我国の古言の趣を得ぬ人也。諸書を我ものにして自由に理屈を付るは得たる人也。さればそれを実にとりて見ればいかに考ふれ共皆虚也。」（一〇月四日付）といい、また九月一〇日付の書簡では夢中入門のことについて、「先最初の夢中に門人と成《り》しと申され候一事にても、小子は不得心《ふとくしん》に御座候。本人の口より申され候故嘘やら誠やら相分り申さず、実に夢中に故大人許容ありし事ならば小子にも故大人より夢中に平田は御弟子に相違なき趣告させ給ふ迄は小子は同門とは決して承知仕らず候。」というなど、その態度は――篤胤が無根拠に宣長門人と称し、非宣長的な論説を本居学の名の下に宣伝する邪説の徒、「大山師」であるとして、――本居の正統論的観点から、篤胤を異端として許容しない派閥心から発するものであったから、その一派が篤胤の上京を快《こころよ》しとせず、また篤胤の京都での開講に妨害を加えたなどのことは、むしろ自然である。

千楯一派の篤胤に対する妨害

この事情は、「野生(私)が立説行はれ候はゞ、彼徒のもて扱ひ候是迄の立言を排斥し、其株を吾等推取候様に相心得候物と相見え候と、水月(服部中庸)とも噂いたし候事に御座候。……ぬでの屋社中を痛め候事は致さず、免も角も共に志を通じ候て、歌にても何にても、古道の弘まりに相成候様示談致すべしと存じ候所、案外の事共に御座候。去り乍ら折角世に示し候著述共を見候もの、彼連には一人もこれ無き体、また本是れ同門の流に候へば、如何ぞや思ふ事もあらば、面謁にて議論も致すべき所、左もなく唯一向に憎み候て、陰悪を行ひ候には詮方なく、長大息仕候外御座無く候。」と千楯一派の論争をすら交えようとはしない派閥的な行為を嘆く、六人部《むとべ》是香《よしか》宛の篤胤の書簡(文政六年九月一〇日付)にみることができるが、篤胤が折角世に示した著書を誰も見たものもいないというのは、前掲の千楯の書簡が『霊の真柱』および『三大考』論争をめぐっての篤胤の学説・方法を、その特質に即して把握した上で書かれたと思えることから推して虚言であり、かかる虚言を吐いたことは篤胤が本《もと》是れ同門の流ではないとの千楯派の見解に由来するのである。

このように篤胤は京都の鈴門一派からは完全なボイコットをうけ「長大息」するほかはなかったが、その後、若山・松坂に赴いて本居宗家《そうけ》から宣長の遺品を受けるなど特別の待遇をうけ、鈴屋社中の人と認められたことによって、逆に京都での冷遇が鈴門における篤胤の存在の巨大なことを実証したことになり、また服部中庸からは宣長の遺言なるものをきいて、自分こそが宣長学の正統をうけつぐものとの自信を深め、篤胤は元気にみちて江戸にかえったのである。

（本節関係の事実については渡辺金造「篤胤の上京」前掲書所収にくわしい叙述がなされている。）

八　平田学の拡張

その上京のころまでに、全平田学の構想はほぼまとまっていたが、この旅行において自信を強くした篤胤は翌文政七年『玉だすき』の増訂を行なって、その平田的特質をますますおし出したと考えられる。

この上京前後の時期が平田学の中・後期をわかつ画期であった。この後、天保五年(一八三五)林大学頭(述斎)(明和五―天保一二〈一七六八―一八四二〉)の意見(二六六―六七ページ参照)に基づいて、篤胤の上に公権力の干渉が加えられようとするころ――四九歳から五九歳――までの一〇年間は、その生涯におけるもっとも穏和にして多幸な時期であったといわれる。それは碧川篤真《みどりかわあつざね》を養子として平田家の後嗣を得たこと、彼としては珍らしく一六年間――文政三年から天保まで――同じ場所(湯島天神男坂下)に居住して勉学に励むことができたことなどを原因として、多くの著作をなしえたことからもいわれるが、また、この時期ははげしい論争を通じて組みあげてきた平田学の骨組みが終って、その肉づけと補強↓平田学の総仕上げへと向う、彼としてはもっとも抵抗のすくない路を歩むときであったからでもある。もっとも、このかぎりでは彼の不遇の晩年についても同じことがいえよう。

彼はこの間に、

(一)『密法修事部類稿』四巻(文政四)、『印度蔵志』一一巻(文政九)

(二)『黄帝伝記』三巻、『五岳真形図説』三巻(文政七)、『葛仙翁伝』二巻(文政八)、『毉宗仲景考』一巻(文政九)、『赤県太古伝』三巻、『三神山余攷』一巻(文政一〇)、『三五本国考』二巻(文政一一)、『天柱五岳余論』一巻(文政一二)、『大扶桑国考』二巻(天保五)

(三)『三易由来記』三巻(天保六)、『太昊《たいこう》古易伝』四巻(天保七)

(四)『春秋命歴序考』二巻、『古史年暦編』一巻(天保二)、『弘仁暦運記考』一巻

（天保三）、『三暦由来記』三巻（天保四）、『太昊古暦伝』四巻（天保七）、『天朝無窮暦』六巻（天保八）

(五)『皇国度制考』二巻（天保五）、『赤県度制考』三巻（天保五）、『古史本辞経』四巻（天保一〇）

を主な成果とする精力的な著作活動を行なったが、これらの業績はまえにのべたように、ひとつには『古史伝』の実質的な完成のための準備——中国・インド等の文化・学問などがわが国に由来するものなることを論証する——としてのもの、すなわち、平田学を構成する基礎的部分の補強工作であって、篤胤の思想を変化・発展させるものではない。しかし、それは世界「新」宗教樹立の基礎を示すものであり、かくして、はじめてその体裁も整うのである。

以下に、そのおのおのについての手短かな説明を加える。

インド学

『密法修事部類稿』

『密法修事部類稿』四巻は真言宗の秘密儀軌の抄録をその内容とし、一―三巻には降伏怨敵《おんてき》・破敵法・灌頂法・作叉法など一三六種が、四巻には『金毘羅《こんぴら》童子威徳経』『千手観音治病合薬経』『忿怒《ふんぬ》王真言儀軌』『大灌頂光真言経』『大明陀《だ》羅尼《らに》経』などからの抄録が収められている。これらは加持祈禱などの宗教的行事による招福・攘災・医療・破魔《はま》などの効果を求める意のこめられたもので、これを編した篤胤の精神状況は迷信的・神秘的なものと考えられ、さきに述べた仙境観と相通ずるものである。また本稿のなかには神道の神々を対象とした真言的祈禱の呪文も含まれていて、平田神道に密教をも包摂しようという意図のあったことが察せられる。

『印度蔵志』

『印度蔵志』一一巻は平田的インド学の成果であって、当然『出定《しゅつじょう》笑語』を承けるものであるが、後者がもっぱら仏教を虚偽・迷信として排撃するに急であったのに対し、これは仏教に対する基本的な態度は変化させないが、仏教から採用すべきもの――それは篤胤の比較神話学的方法によって、日本の古伝説の訛伝《かでん》と考えられるものであるが――を求めるという立場から書かれたものである。

本書は仏説による世界の成立およびインドにおける仏教の弘通を説明することを主な内容とし、『西域記《さいいき》』(玄奘)・『長阿含《あごん》世紀経』『起世経』『起世因本経』『楼炭経』『立世阿毘曇論《りゅうせあびどんろん》』『異部宗輪論』『八宗綱要』などから本文を撰んで伝を附したというかたちをとっている。

本書は未完の稿本としてのみ伝わり、巻一―八・巻二一―二三が現存している(このほかに未定稿一〇巻がある)。

篤胤はこの『印度蔵志』のなかで、インドの阿修羅《あしゅら》王の伝説は須佐之男神と大国主神についての混同訛伝であり、帝釈天《たいしゃくてん》(釈提婆因陀羅《しゃくだいばいんだら》)とは邇々芸《ににぎ》命であること、蘇迷盧《そめいろ》山の四陲《しすい》にあってもろもろの鬼神を従えている四天王は天手力雄《あめのたじからお》命、大梵自在天神は産霊大神と伊邪那岐大神との故事を混合した伝説であることなどを述べ、日本の古伝説がその根元となったという由来をのべている。

中国学

平田的インド学は、『印度蔵志』をほとんど唯一の成果としているが、平田学の構成において同じ意味をもつべき、その中国学は㈡にかかげるように多くの著作からなっている。この平田的中国学の前駆としては、『西籍慨論』があるが、後期における篤胤の中国学研究はとくに古伝説を対象とし、孔子以前のものと考えられた道教の古典がとりあげられたことを特徴とする。そして、その研究の中心となる成果は『赤県太古伝』三巻である。

『赤県太古伝』

これは、はじめ『西蕃太古伝』として、文政三年に初稿ができ、一〇年に至って改称した。本書は『老子』『山海《せんがい》経』『淮南子《えなんじ》』『列子』『鶡冠子《かっかんし》』などの道教の古典や『三五暦記』『述異記』『枕中書』『河図《かと》括地象《かっちしょう》』『春秋命歴序』『春秋保乾図』『漢武帝内伝』『十洲記』などの古代の遺書・逸書といわれるものから、文章を部分的に取捨選択・排列編集し、かくして主観的に再現された中国太古の伝説なるものを成文として、その伝をたてるという方法によっており、この点で『古史成文』『古史伝』と同様である。しかし、その成文も、上皇太一紀第一・盤古真王紀第二・三皇紀第三・三皇紀下第四・六皇紀・五帝本紀上までであって未完と考えられ、また成文はあっても伝のない部分もあって、本書は全体として未完成である。

『赤県太古伝』は老子に対する親近性を著しく示している。篤胤は太古の時に道があったといい、「道は自然に法《のっ》とる」（『老子』経通編二五章）との老子のことばを肯定し、これを解釈して、この「自然」というのは惟神《かむながら》というのと同じであるとし、「寔《まこと》には老子の伝へし玄道の本は、我が皇神たちの、早く彼処《かしこ》に授与《さづけたま》ひし道にして、其の謂《い》はゆる自然はしも、我が神典に、惟神《かむながら》とは神の道に随てまた自から神の道有るを謂ふ也、と有るに異《かは》ること無く、……」（『赤県太古伝』一）とのべて老子の遺説が、わが皇神の真を伝えていることを主張する。そして、これらを解釈して道の父といわれる上皇太一神は天之御中主神、「赤県州《もろこしのくに》に盤古《ばんこ》氏《し》と伝へ、天竺国に梵天王と伝へしは、異名同神にて、此《こ》は既《すで》に粗弁《ほぼわきま》へし如く、神典なる皇産霊神の事を伝へ奉《まつ》れる古説なり。」(『同上』)また、天皇・地皇は伊邪那岐・伊邪那美二神、天地二皇の子である人皇《にんのう》氏は健速《たけはや》須佐之男神、草昧《そうまい》の時に出て一切の文化を創造した太昊伏羲《たいこうふっき》氏《し》は大国主神であり、天子といわれているのは(『赤県太古伝』三附録の成文に「天下尽く人なり、天子を以て正と為す」とある)、邇々芸命のことであるとして、中国の太古の伝説は、実は日本の古伝説が中国に渡った泰皇・泰一などのわが国の神真によって伝えられたものに由来すると説いている。

この『赤県太古伝』を中国学の総論とすれば、㈡に示される他の諸書はその各論に当る。

『黄帝伝記』

『黄帝伝記』三巻は中国の古典によって黄帝の伝を明らかにしようとしたもの

で、殊に神仙思想が黄帝を中心として詳論されている。

『三五本国考』

『三五本国考』二巻。三五とは中国太古の神聖である三皇（天皇・地皇・人皇）・五帝（伏羲・神農・黄帝・少昊・顓頊《せんぎょく》）のことをいうが、実はその本国は日本であり、彼らは元来は日本の神で神農は味鉏高彦根《あじすきたかひこね》神（言代主神《ことしろぬしの》）、黄帝は塩冶毘古《やむやびこ》命、少昊は大穂毘古（顓頊には該当者なく三皇・伏羲については右に述べた通り）、にそれぞれ当り、中国の人民を教化するために渡ったものという。

これらの神聖が存在していたにかかわらず、『論語』で堯舜以下のみを指して聖人というのは、三皇五帝時代には神怪・非合理のことが多いので、世人がこれを信じないからという理由もあるが、隠れた真相は、もしこの時代までさかのぼって論ずるならば、中国自身の聖人というものは一人もなく、日本の神真のみが存在しているということがわかってしまうので、それでは国家として都合がわるいから堯舜以下だけをとりあげ、それ以前については語らないという方針を孔子がとったことによると思われる、と篤胤は自説の補強につとめている。

次の三書は、世界の地理的な構成が日本を中心として成立っているという観点から、中国の古伝説の解釈を試みたものである。

『大扶桑国考』

『大扶桑国考』二巻は、『山海経《せんがい》』などに東方大荒外《たいこうがい》に扶桑国という神真の霊城、君師の本国があり、三皇五帝はこの扶桑国から出て万《よろず》の道をひらいたといわれているが、「其の扶桑国としも謂《い》へるは、畏きや吾が天皇命《すめらみこと》の、神ながら知食《しろしめ》す、皇《すめら》大御国の事にして、其の三皇五帝と聞えしは、我が皇神等《すめがみたち》になも御坐《おはしま》しける。」と説くものである。

『天柱五岳余論』

『天柱五岳余論』一巻は、まず中国の古典にある天柱地軸とはわが伊邪那岐大神が見立てた天御柱《あめのみはしら》・国御柱の訛伝であることを述べ、また青帝・赤帝・白帝・黒帝・黄帝はそれぞれ日本古典における風・火・土・金・水の神々であり、またこの五帝の都とした東・南・中・西・北の五岳はわが国を中心として全世界にわたっている。すなわち東岳広桑山は東海にあるオノゴロ島、南岳長離山は南海（地中海）のトルコ、西岳麗農山は西海（大西洋）中のユストルなる群島のあたり、北岳広野山は北太平海のカリホルニヤ、中岳崑崙《こんろん》山は天地の中心としてわが筑紫にあると主張するものである。

『三神山余考』

『三神山余考』一巻では、三神山とは周秦以前の古書にしばしばみえる方丈・瀛《えい》州・蓬萊をいうが、かの国の東海中にあるといわれることなどから、それは「即ち我が神典なる大和多都美《おほわたつみ》神の神境を称《とな》へる伝説にもなも有りける。」ということを論じている。

『孔子聖説考』

中国学関係では、さらにひとつ『孔子聖説考』二巻がある。これは未完成の草稿として残されたのを門人の碧川好尚が補正を加えたものであるが、内容的には篤胤の著書といって差支えないものである。

ここで篤胤は「聖」を定義して、「信に聖《まこと》とは、道徳兼備して、神明に通じ、恬憺《てんたん》無為にして、鬼神の情状を知る人の称」であるといい、孔子の聖人となす堯舜禹などは、三皇五帝から伝わった古道を守っただけであって聖というに値せず、商湯《とう》周文武姫《き》旦《たん》は賢人ともいえない聖賢の風格に偽巧せる徒にすぎないといい、中国に渡った日本の神々すなわち三皇五帝などの太古の神聖だけが聖というに値するという。聖人の道教的性格が儒教を排してここに主張されているのである。

この排《はい》儒教・親《しん》道教という態度は道教の古典を利用しなければ、平田的中国学が成立しないという理由にもよったであろうが、篤胤が『太昊古易伝』一において、儒教を「凡世の瑣々《ささ》たる小理談に拘泥して、神界の玄理幽妙を蔑如《べつじょ》」するものとし、「擬聖賢は口にこそ天地神明を称すれ、天道の幽致を精究する事を勤めず、唯に人道常理の浅薄なる事をし専《むね》と」しているといって、その合理主義的性格がかえって思想としての儒教の根を浅いものとしていることを指摘して、儒教を邪道視する一方、「真聖賢は専《もはら》と天地神明の自然なる幽致を探《たず》ねて其道を修為《しゅうい》する。」これが道教であると、その思想的性格をとらえていることに注目すれば、神秘的世界に思想の根をさしこんで、その超理論的な根元からトータルな世界を体系的に把握することを志す篤胤が、道教に対して親近性を感ずることは自然である。

そして、このことは平田的中国学の一特色である。

この系統につらなって篤胤の医学研究がある。この部門についてははやく『志都の石屋』があるが、『醫宗仲景考』一巻はこれをうけて書かれたもので、本書で篤胤は『傷寒雑病論』『金匱《きんき》要略方論』など医学の古典の撰者として、名のみ伝えられる張機字《あざな》は仲景とは果して何者かを考証して、葛玄字《かつげんあざな》は孝先という道教の真人《しんじん》であるとのべ、元来、大国主神によって中国に伝えられた医薬の道が道教と結びついて発展したという考えを開陳している。そして、この葛玄を道教の真人として重んじ、その行状について『葛仙翁伝』を作り、また『葛仙翁文粋』を

『醫宗仲景考』

『葛仙翁伝』『葛仙翁文粋』

編している。

易学・暦学

天保二―三年（一八三一―三）ころから八―九年に到る時期には、篤胤は主として易学・暦学の研究に従事した。この易・暦学の平田学の構成における位置は、基本的にいまのべたインド学・中国学と同じである。宣長が「……また易《やく》などいふ物をさへ作りて、いともこゝろふかげにいひなして、天地の理をきはめつくしたりと思ふよ。これはた世人をなづけ治めむための、たばかり事ぞ。そも〳〵天地のことはりはしも、すべて神の御所為《みしわざ》にして、……」（『直毘霊』）と体系的理論排撃の立場をはっきりさせて、中国思想のなかでも、もっとも哲学的・理論的な易をうけいれないのに対して、その親《しん》道教的態度にもみられるように、自らの思想の「理論的」な体系化をはかる篤胤のもつ強い志向が、易・暦学の研究に自らを赴かしめたと考えられる。

篤胤の考えでは、易は人間が神々の御心にしたがって奉仕し、またそうすることによって福をうけ禍をさけるために、神々（天神地祇）の御心をうかがい知ること（「鬼神の情状を知る」）を第一の目的とし、第二には人それぞれが修身斉家《せいか》といった日常的生活における実践を、その身分・差等に応じて行なうために、その身分の由来する原《もと》である性命――人はすべて皇産霊神の産霊によって生れるのだが、そのときにそれぞれ固有にうけた性命――はいかなる性命か、ということを知ること（「天命を知る」）を目的として成立するのであって、人智では測《はか》り知れず疑わしいことを決することを本質とするものではない。

暦法はまた、天常を論じ長久を記す所以のものといわれるが、古暦を正確に知ることは古史を正確・客観的に究明する前提であると考えられている。そして、易・暦はともに伏羲氏すなわち大物主神の制作にかかる。大物主神は天地初発の事実を悉く知っていたのだから、その制作が可能であった。故に易学・暦法ともに日本の古伝によってできたものといえる。

そして、この二者はそれぞれ異なったもののようであるが、実はその理は密合して離れないのであって、切離して学ぶことはできない、というのが易・暦についての篤胤の基本的な考えである。

『三易由来記』

『三易由来記』三巻は、易のはじまりから漢代までの易と易学の歴史について書かれたもので、平田的易学（『太昊古易伝《たいこう》』）の序論的部分をなしている。三易とは『周礼《しゅらい》』にいう連山・帰蔵・周易のことであって、本書はまず伏羲氏《ふっきし》による易の起原について説き、神農氏の連山易、黄帝の帰蔵易がこの古易の趣きを有していたのに対し、周易は周の文王が自己の王位簒奪《さんだつ》の行為を正当化し、革命を是認する目的から古易を改竄《かいざん》したものであるとの見解をのべ、また孔子が五十にして天命を知るといったのは易を学んだ当然の結果であり、孔子は老子から易理を学んだものとする。

そして、繋辞《けいじ》をはじめ十翼は孔子の編によるもので、ここには古易の遺文があるという見解をのべている。

『太昊古易伝』

『太昊古易伝《たいこう》』四巻は平田易学の本論であって古易を具体的に説明したものであるが、本書は未定稿として遺《のこ》されたのを碧川好尚《みどりかわよしひさ》が補説を加えた上整理したものである。

その注目すべき特徴は、太極を元として両儀（陰陽）→四象《しょう》（春夏秋冬）→八卦（乾坤巽艮震離坎兌《けんこんそんこんしんりかんだ》）→……が生じたという古易の説は、上皇太一の神徳から万物の発生を説いたものであるが、これは神典に天之御中主神の神霊《みたま》によって、皇産霊神男女二柱が生れ、この二柱の産霊《むすび》によって伊邪那岐・伊邪那美二神が生れ、さらに皇産霊二神の神霊によって伊邪那岐・伊邪那美の二神が天地の位を定め、雷風水火山沢の神などの造化神を生んだとあるに符合すると、易の原理が日本神代の伝説に一致することを説き、それは易を制作した伏羲氏は大国主神であるから当然のことだとして、易がわが国の古伝に由来するとしていること、および、さきにのべたように道教的傾向のみられることである。

『春秋命歴序考』

『春秋命歴序考』一巻では、篤胤は春秋の古緯書《いしょ》である『春秋命歴序』を研究して中国太古の年代を考証し、それまで、伝えられていた中国太古の年数を著しく短縮し、日本の神代の年代に考えあわせる伏線としている。

『三暦由来記』

『三暦由来記』三巻は易学における『三易由来記』に相当し、夏暦は天皇氏・太昊氏以来の最古の真法で、殷暦またこれに準ずるが、周暦となると古暦の本体を保ちながら、その内容はすでにみだれており、前漢の太初暦・三統暦、後漢の四分暦となると古暦の真法は悉くみだれてしまっているとの見地から、中国の古暦について一般的に論じたもので、『太昊古暦伝』の序論を構成している。

『太昊古暦伝』

『太昊古暦伝』四巻は、天地の初発から天文暦法のすべてを含む中国の太昊古暦の実体の説明を目的として書かれたもので、太昊古暦には西洋天文学の成果として示される地動説や天地楕円の説も含まれ、西洋の暦法としてもっとも精確な由《ユ》利《リ》安《ア》暦もこれにかなうことから、太昊古暦は西洋の暦法の起原でもあるが、そもそもこの太昊古暦の根元である真暦は伊邪那岐大神（すなわち天皇氏）が万《よろず》の道と共にはじめたもので、万国に通ずることは当然であると説かれている。

なお、本書は遺稿として残ったのを碧川好尚が整理したものである。

『弘仁暦運記考』

『弘仁暦運記考』一巻　『弘仁暦運記』とは刊本『延喜式』に附属している小文で、これはこの文について考察を加えたもの。右の中国古暦の研究を前提として、日本の暦法に及んだ成果の一つである。

篤胤は本書で日本神代の巨大な年数を削減し、彼が同時代と考える中国太古のそれに合致させようとしており、これは『春秋命歴序考』と呼応して和漢の古伝説を客観化・歴史化しようとする――例えば大国主神はすなわち伏羲氏であることを確証しようとする――努力のあらわれである。

『天朝無窮暦』

『天朝無窮暦』六巻　本居宣長の著作に『真暦考』という書がある。ここで宣長は中国の暦法が渡来する以前には、わが国には後世のような月次・日次・干支《えと》などといった人為の暦法というものはなくて、四季の変遷、四季のおのおのを初・半・終の三とする区分、および月のみちかけによる、ついたち・もち・つごもり、などがあったばかりで自然のままにあった、これが真暦であると説く。それ故『日本書紀』にある月次・日次・干支などは、後世中国の暦法をあてはめたものだということになる。しかし、それでは『書紀』の古代の記事は不正確となって不都合であると考えた篤胤は、思考を凝らすこと三〇年余にして『天朝無窮暦』を案出するに至ったという。

この『天朝無窮暦』は三段から成る。第一段は伊邪那岐大神の授けた暦の根元、宣長のいう真暦であり（ただし、宣長は伊邪那岐大神を暦の作者とはいっていない）、第二段は大国主神が暦の根元にもとづいて制作したものであって、大国主神の一四一年（大国主神が夜見へいって帰った年）から六代目の天皇である孝安天皇の四一年までに行なわれたもので先天暦というが、篤胤の計算によるとこの暦法ではそれ以後今日に至る部分については、これを修正して無窮に適用される暦法を案出した、これが第三段後天暦といわれるもので、これこそわが国に行なわれた真の古暦であるというのが、篤胤の主張である。

度制・その他

度（尺度）の制についての研究成果としては前掲の二書がある。

『皇国度制考』

『皇国度制考』二巻は天保五年（一八三四）に成ったというが未定稿である。篤胤は狩《か》谷《や》棭斎《えきさい》（安永四―天保六 一七七五―一八三五）の著『本朝度量権衡攷《どりようけんこうこう》』に日本の尺度はすべて中国の制をもととしたもので上古には存在しなかった、とあるのに慨嘆し、これを反駁して本書を著わし、わが国の度制は上古から存在していることを論説したのである。

『赤県度制考』

『赤県度制考』三巻は太古以来の中国の尺度の歴史的な沿革についてのべたも

のであるが、そのなかに元来の中国の尺度は太昊伏羲氏＝大国主神が自己の身長を基準として、日本の上古の尺度を伝えたものであると主張されている。

『古史本辞経』

『古史本辞経』（または『五十音義訣』）四巻は篤胤の最終の著作である。篤胤自身、本節で紹介した諸蕃国の古伝や易・暦についての研究は『古史伝』を完成するための前提と考えていたが、また言語の根元を明らかにしておくことはその前に必要なことであった。というのは、この仕事が別になされていなければ、詞ごとに語学的な注解が必要となるので、それでは煩《はん》にたえないというのである。

そこで彼は『古史伝』の精撰に先だって『古史本辞経』を著わし、古史二典を中心として古辞の基本語について論説したのである。

本書は、発題敍言第一、五十音古図記第二、五十音図訂正第三、五十音活用第四、喉音三行弁論第五、五十音義解上第六、同下第七、古言清濁説第八、古語延約通略等の説第九、古言学由来第十、の一〇節から成り、五十音図についての論説を中心とする。

本書は『神字《かんな》日《ひ》文伝《ふみ》』の系列に連るものであり、ここで篤胤は五十音図が後世、悉曇《しったん》の法をもととして作られたという在来の通説を否定して、五十音図の理は惟神《かんながら》の道理として伝わったものであり、そのもとは神字にあったが、応神天皇のころに整理されたといい、さらにこの道理は日本ばかりでなく万国の言語の根本であるから、五十音図のもとがインドの悉曇学にあるとしても、「彼の悉曇の法、また其の元は、我が天っ神の、彼にも授け給ひし法なるが故に」五十音図に符合するのは

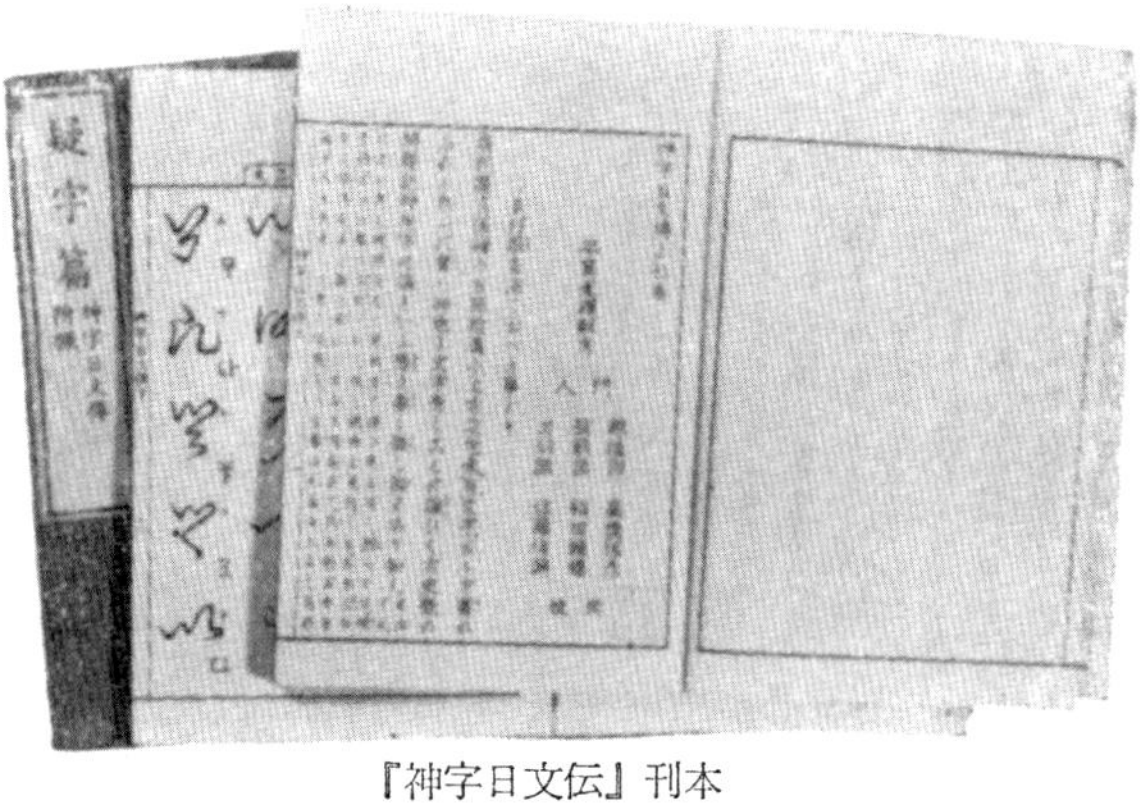

『神字日文伝』刊本

(『印度蔵志』所載)

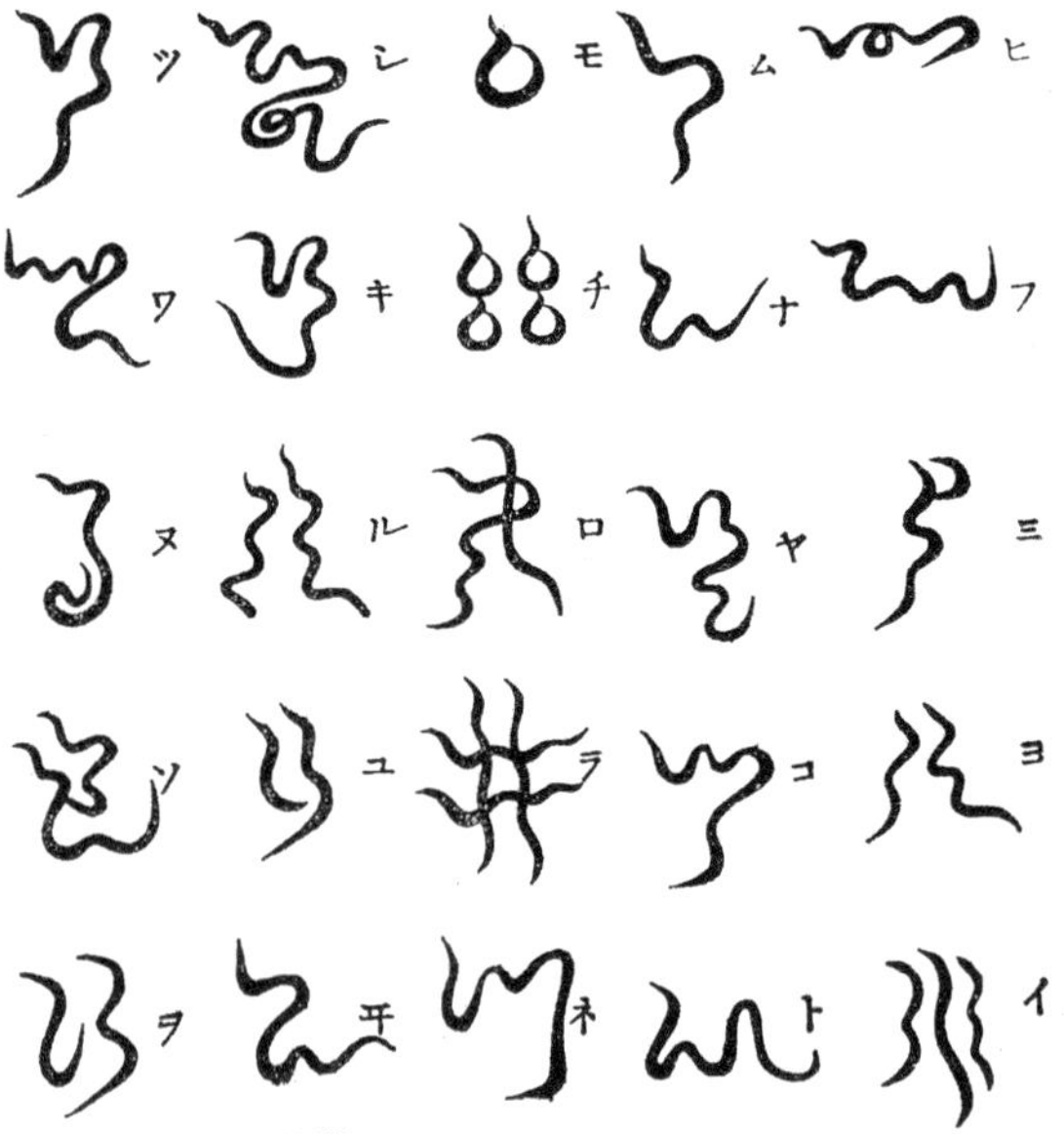

(『神字日文伝』所載)

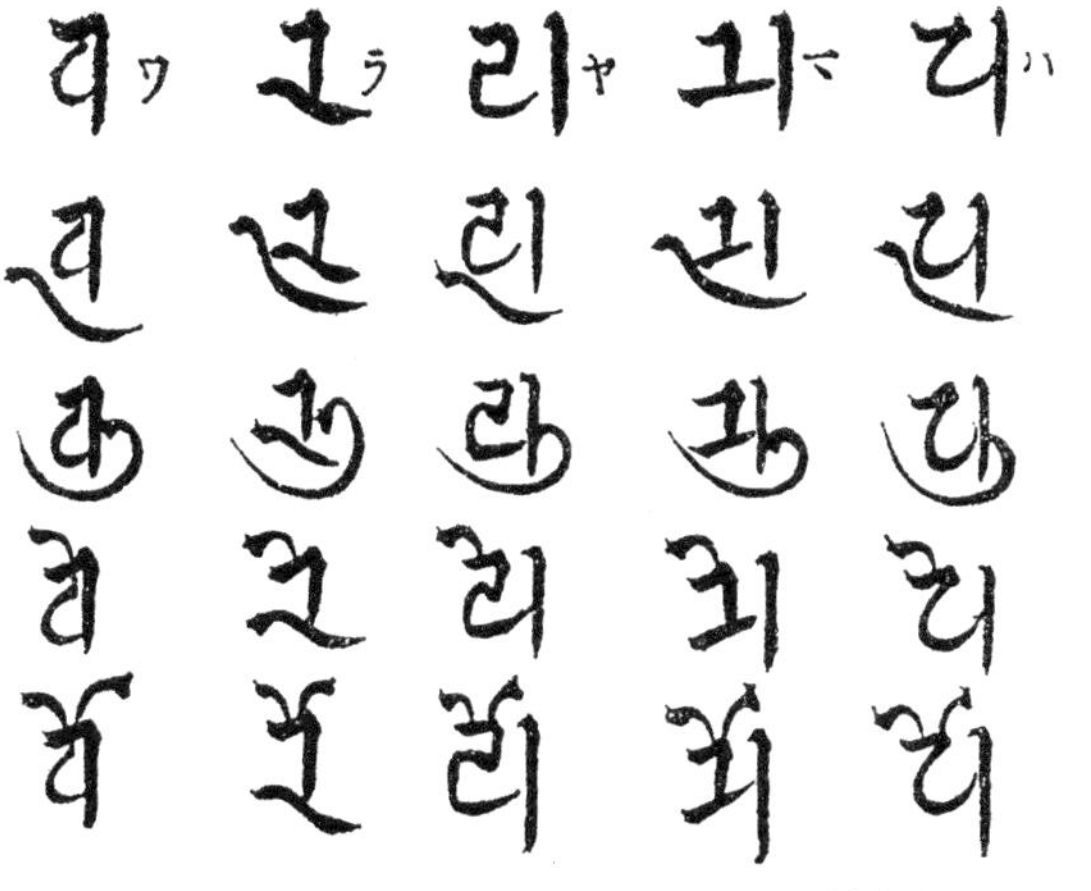

悉曇文字五十音図

神代文字，草体

自然にして、かつ当然であると主張する（巻一）。

そして、この主張は五十音訂正図（アイウエオを竪《たて》としアカサタナハマヤワラを横とする）の原理（無音の声の元がウであり開声のはじめがアであって……全音が整備される）が天地初発の時の神代伝説の展開（産霊神の産霊によって虚空に一つの物を生じそれから天・地・泉が生成する）の理に基づいていることで保証されている。

古語の基本的な音は二語から成るが、ラ行の音が上につく場合はないから、すべての基本語はラ行以外の各行の全音とラ行を含む全音との組合わせから成るが、さらにここから、すべての音と初行の音（アイウエオ）との組合わせの数、おのおのについて二五を引き去ると、用言は各音について四五（カーワ行のおのおの五音との組合わせによって）であり、それらはラ行以外の各行について九章に編成され、各章は二五言から成る。そしてラ行を除いたアーワの九行がそれぞれ九章にわかれるという構成を示す。

この本辞の間に存する数的関係が、篤胤が易の研究によって得た九宮易咸《きゅうきゅうえきかん》の道理に、その数も用もが不思議にも符合するのである。しかし、これは偶然のことではない、「天地の道元より一枚にして、東華西蕃元より道に隔《へだ》てなければ、此にも彼にも、惟神《かむながら》に伝はる事には、其数の備はれるにぞ有ける。」(巻一)。

右の諸点が『古史本辞経』における平田学的特色を示すものであり、最後の点が篤胤がもっとも力をいれたところである。

以上の説明によって、文政七年以後の著作活動が、本節のはじめに記した線によってなされていた事情がよく分るであろう。

著書の出版の事情

著書の出版について

『略記』によれば、篤胤の「著述の書凡百余部、巻数千巻に近かるべし。」とあり、昭和一〇年(一九三五)前後に刊行され中絶してしまった、いわゆる新版の『平田篤胤全集』は一一五種、二七一巻の刊行の予定をしていた。しかし、これら一〇〇種を超える篤胤の著書のうち、その生前に刊行されたものは五分の一にも及ばない。

板本の多くは篤胤の没後に鉄胤《かねたね》が中心となり門人たちの協力をえて刊行されたものである。とはいえ、その生前に刊行された著書の部数が当時としてはかなり多いものであったことは天保五年に林大学頭から幕府に差出した文書に「都而《すべて》書籍板刻《はんこく》は失費少なからざるもの故、新刻物出来仕らず候所、大角之著述《だいかく》は夥敷《おびただし》く世に板行仕候事、……」とあることから察せられる。そして、これらは全て気吹舎《いぶきのや》蔵板となっているが、このことは本居宣長の著書の大半が生前に名古屋の書肆永楽屋東四郎を中心とする出版業者の手によって公刊されているのと対蹠《たいしょ》的であるといえるだろう。宣長は背後に紀州藩という有力者が控えていたし、資力に余裕ある門人を多数有していたので出版の費用には事欠かなかったといわれている。

篤胤が大きな問題を国学者間になげかけた『霊《たま》の真柱《みはしら》』を出版した文化一〇年ごろ、いかに経済的に窮迫していたかについてはすでにのべた。本書は紙数一二五丁あり、板木の彫刻料は四〇両ほどしたといわれるが、これらの費用は篤胤の門人であり駿府の商人である新庄道雄・柴崎直古らによって賄われたと、当時の事情や篤胤の書簡をもととして、渡辺は推定している（渡辺金造「篤胤の著作と出板」前掲書所収、なお著書の出版についての記述はこの論文によっている）。しかも、篤胤は貧窮のためこの板木を入質していたことは、伴信友宛前引の書簡（一四八―一五〇ページ）からも分るが、彼はさらにこの板木を売却しようとして果さなかった。

このような状態にあった篤胤が、その後多くの著書を出版することができたのは、ひとつには山崎篤利からの借金によるが（一五一ページ参照）、主としては林大学頭もいうように「畢竟《ひっきょう》信向《しんこう》之もの多くこれ有る証」であろう。すなわち、門人たちから著書出版の費用を募金したと考えられることである。

出版のための募金旅行

篤胤は文化一三年と文政二年に上総・下総・常陸へ旅行しており、その後、鉄胤が大体それと同じ地方をすくなくとも五回にわたって訪ねていることが、そのヒントである。

平田鉄胤の旅行については左の旅行日記が現存することから分る。

(1) 文政一一年七月二九日—一〇月五日

(かつて篤胤が旅行したと同じところ)

(2) 文政一二年二月一日—三月一七日

(同右)

(3) 文政一二年六月四日—六月一三日

(下総地方)

(4) 天保元年一一月一一日—一二月一五日 (上総・下総地方)

(5) 天保二年二月六日—不明 (下総地方)

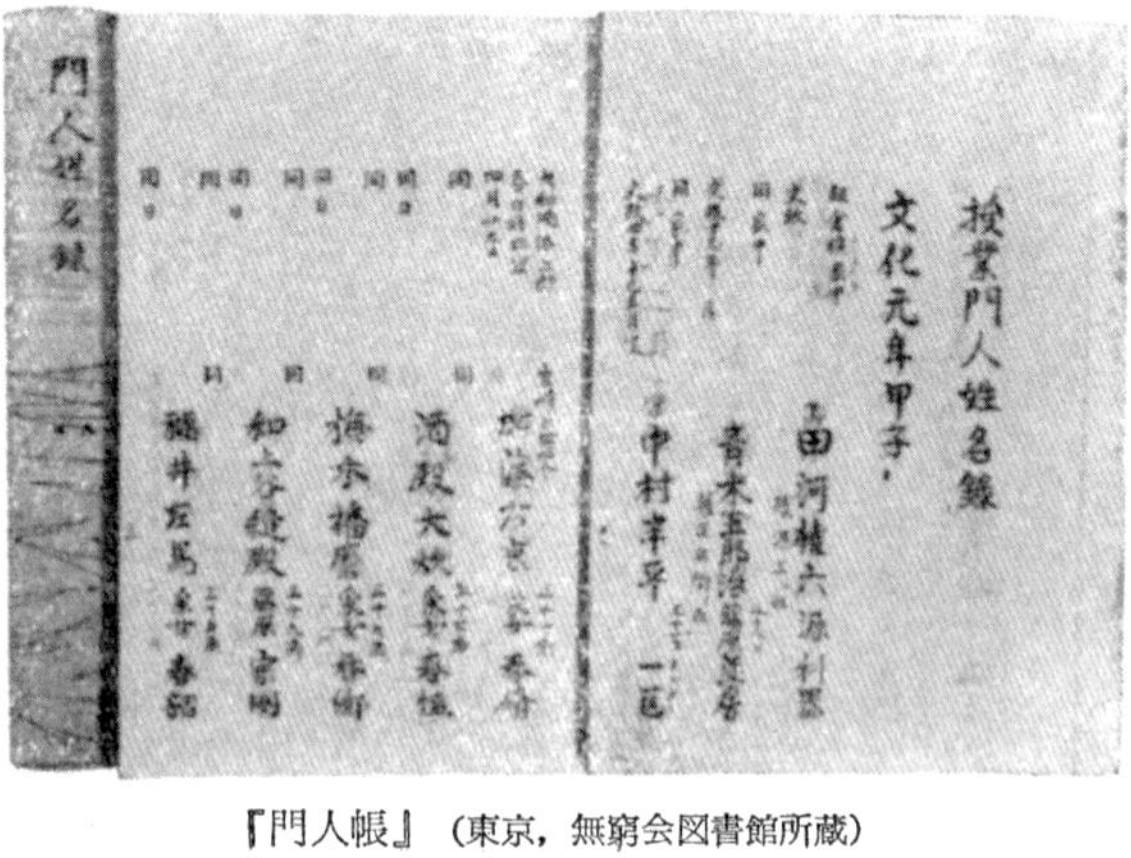

『門人帳』(東京，無窮会図書館所蔵)

『気吹舎門人帳』によれば、文化一三年における下総国の入門者は四五人であり、天保二年までの同地方の門人は、その総数が三九二人であるに対して、一〇七人であり、もっとも集中的に門人の居住した土地である。募金が容易であったことは察するに難くない。右のうち篤胤のそれが募金のための旅行であったというのは臆測にすぎないが、鉄胤のは正しくそれで日記中にも、「昨夜彫刻料金弐両受取」（文政一二年二月七日）、「彫刻料金参両受取」（文政一二年二月一九日）、「猿田神主に彫刻助成を頼む、五枚請合」（文政一二年二月二五日）などの記事があり、この地方がかなりの資金源であったと思う根拠がある。

そのほか、門人からの前銀による予約出版の法をもとっている。

篤胤の死後、鉄胤から秋田藩へ差出した願書によれば、篤胤の著書上木《じょうぼく》の総費用はおよそ五〇〇〇両で、内二〇〇〇両は払済みであり、また返金の要のない恩恵助成があるから、借財として残ったものは一五〇〇両だといっている。これは鉄胤が借金返済のための（無利足三〇ヵ年賦で支払うといっている。）江戸在住を申請した願書であるから誇大に記してあるかも知れないが、その著書出版の苦心と部数の巨大さを物語る資料であろう。

九　後期における生活と篤胤の性格

前期・中期における篤胤の思想の歩みが、新らしい思想形成の悩みと苦しみによって、剣峨《けんが》をよじのぼるの観を呈したとすれば、後期のそれはむしろ広大な裾野へと下っていく平坦な路を歩むに似ていたといえるであろう。

しかし、その俗的生活においては、これとはむしろ逆に、後期における平田篤胤は彼をとりまく厚い壁のために、そのいわば世俗的な志は尽く挫折し、寂しく秋田に死なねばならなかったのである。

その事情と理由を以下に考察し説明したいと思う。

彼、平田篤胤が自己の思想を基準として、直接に社会制度・政治制度の改革を考えたことはかつてなく、また、それは平田学の論理にも含まれていない。だが

「既にかく現世に生出《れ》ては、其の現事《うつしごと》・顕事《あらはにごと》治看《しろしめ》す、皇美麻《すめみま》の命の御治《みをさめ》を畏みて、己《おの》が身に好くも悪くも、其御制度《みのり》に従ひ、」（『古史伝』二三）と現実体制に対する絶対的な随順の姿勢を崩すことのなかった篤胤も、その形成し、また形成しつつあった体系的思想については絶大な自信をもっていたから、「コノ己ガ学ビ得タル正道ノ意ヲ、世ニ普ネクシキ及ボ」（『俗神道大意』二）すべき強烈な願望と使命とを有していたが、このことについてはすでにふれたところである。

このように現実的権威をあくまで肯定するという思想の方向についての制約をうけている、この篤胤の願望が、既成の権威により、それを媒介として、その願いと使命を遂げしめるべく、彼自身を駆りたてたとしても、あながち不思議ではない。

篤胤伝の後期における諸事件――吉田家・尾張藩・水戸藩に関してのそれが中心であるが、――は主として、この線にそっておこっている。

吉田家との関係

その第一は吉田家に関するそれである。

当時の吉田家は神祇伯である白川家を圧倒して、諸国の神社・社家を支配する神道界の覇者的存在であったが、吉見幸和《ゆきかず》（延宝元―宝暦一一 一六七三―一七六二）の『増益弁卜抄』（元文四 一七三九）によって、吉田神道の教義は儒・仏の説を借りた俗説であり、その社会的地位も何ら正当な根拠を有するものではなく、吉田家の先祖である吉田兼倶（永享七―永正八 一四三五―一五一一）以後の代々が奸曲なる詐欺的行為によって、世人に自らを神祇道の統領長官と思わせるに至ったものであることが暴露された。

篤胤は文化八年の『俗神道大意』三において、この説を祖述・拡充し、吉田神道を否定し吉田家を罵倒して、「……尤モ朝廷ニ於テハ、サシモ御用ハナケレドモ、将軍家御創業以来、奸計ヲ以テトリ入リ、ソノ家ヲ、実ニ神祇ノ長官ト思ハセ参ラセ、ソノ威光ヲカリ、彼ノ偽リノ綸旨《りんじ》ドモヲ、諸国ノ神人ニ示シテ、オドシ掠《かす》メテ配下ニツケ、今ハ大半、カノ家ノ配下ノ如クニ致シタガ、扨々ニクキ

吉田家に対する態度の転換

コトノカギリヂヤ。」とのべている。

その篤胤が文政五年には前説を撤回して、吉田家を弁護する側にまわることになる。すなわち、彼は『ひとりごと』なる一書をあらわし、「中世より吉田家にて、仏意を混合せる神道行事を物せるは、深く思ひて世風にならへる、姑《しばら》くの術計なりし事を弁《わきま》ふべし」として、吉田神道の本来はすこしも儒仏の意をまじえぬ真の古道であって、吉見らはこのことを弁別できなかったといい、その上、天児屋根命から代々伝えられた神事の宗源としての吉田家の家業は、天地とともに無窮に伝わるものであるなどと論じているのである。さらに翌年五月には『吉田家系譜伝』を著わして、従来伝えられた天児屋根命を祖とする吉田家の系図に天之御中主神以下四代を附け加えるなどのことをしている。

このように親《しん》吉田家の姿勢を整えた後、上京の際に彼は吉田家を訪問した。そして、篤胤はその年の一二月に吉田家から神職教導を依頼されている。この間の事情は（主として服部中庸から本居大平宛の文政七年正月一六日付の書簡によって）つぎのごとく説明される。

東国の神道界ではだんだんに篤胤の名声が現われ、その古学に共鳴するものが多くなって、吉田家の江戸駐在員も篤胤に入門した。そして、この者から京都の吉田家へ、平田を抱きこまなくては、このままでは吉田家の勢力を保持しえないと知らせてきたし、また篤胤門人の神職で吉田家に背く者が現われてきている事実がある。こういうわけで吉田家としては、その神道思想の上で共鳴したわけではないが、配下の社家の離反を防ぐために篤胤を利用しようと考えた。篤胤側では、神道を天下に押しひろめるということが第一目的である。篤胤は神道界の最大勢力である吉田家にとりいって、その権威を利用して、その内部から古学神道をひろめることができるならば、それが速功をもたらす最良の方法であると考えた。吉田神道の否定と克服をはっきりと態度に示した『俗神道大意』段階からみれば広角度の戦術転換である。『ひとりごと』を書いたのは全くその手段としてである。

篤胤と吉田家との相互利用関係

両者の志向がこの点で一致して、篤胤と吉田家との間に一種の連帯関係が生じたのである。両者の関係はその後も現状を維持したが、文政一二年になって江戸在住の吉田家目代宮川弾正という者が江戸追放になったとき、平田門の神職の間に篤胤をその後任としようという動きがあった。その後、神職者にして平田に入門する者が次第にふえていたのである。これらの神職たちは吉田家にその意見をのべ、また篤胤は後任はのぞまないが、その後見の役目を引うける意志のあることを吉田家に伝えた。が、一年以上たっても返信に接せず、その後神職たちと篤胤から数次にわたって返書の催促をした後、吉田家の鈴鹿某なる人物から篤胤に、神職たちに心添仕るようにとの私信があったが、篤胤は正式の任命を欲し、友人屋代弘賢《ひろかた》を介してさらに返事をもとめたが、これに対しても返事はなく、天保二年正月にも改めて催促している。

この経過からも知られるように、吉田家の態度はきわめて消極的で、すでに篤胤の利用価値が文政六年の線で限界に達していることを示す一方、篤胤はますます吉田家内部にくいこんで、平田神道拡充への直接・間接の目的達成のために吉田家を利用しようとしたのである。

このことは、いうまでもないことながら、強大既成の吉田家の勢力とあらゆる権威を利用して、勢力の拡大をはかる新興平田神道との落差を示している。篤胤が常に吉田家から神職の教導を依頼されたことを誇示し、文政一一年九月尾張徳川家へ差出した覚書にも、「吉田三位殿古学師平田大角」とかき、また天保一二年佐竹藩に提出した履歴書にも、「吉田殿より学師職の事」と記していること、さらには文化五年神職へ古学教授を委嘱されて以来、吉田家とはむしろ敵対関係にある神祇伯白川家とも関係をつづけ、天保一一年には神祇道の学頭を委嘱されているが、彼が白川家のために、内容的には全く平田神道に則《のつと》った『神祇伯家学則』『同演義』の稿本を作っていることなどは右の事情を明瞭に示すものである。

議論・論争における篤胤の態度が過剰なまでの自信にみち、その論調のはげしさが尋常でないことは、これまでに解説しまたは引用してきた篤胤の著作についても知られるところであろうが、この篤胤の論争的態度について鉄胤は、

儒仏の徒其外何に依らず、我大皇国の大道の妨害《さまたげ》を為《なし》たる者は悉く我が学問上の敵なれば、少《いささ》かも容赦なく速かに打罰《うちきた》むべき処より劇言は出る也。古語に君父の仇は倶に天を載かずと云なり。左道《さどう》を以て正道を圧《おさへ》むとするは逆賊に等しき物なり。さる者有らむには道の為いかやうにしても打べきが道理なり。先人(篤胤)の著述を為す心得は先《づ》身体を厳正にして義理を糺し現在の敵に対するが如くにする事にて、……先人の常の志は此事を著述せむと既に筆を執ては彼《かの》相撲とりの土俵入したる如く、其褌《ふんどし》へも取付せじとの心掟《おきて》なる事

は、惣ての著書をよく見む人は其意味を知べきなり。(『毀誉相半書』下)

とよくその特徴をとらえて記している。ここには篤胤のもつ攻撃的性格が、彼の精神を貫く権力への意志が、みごとにうつしだされている。

彼、篤胤が変節ともみられる戦術の転換を行なって吉田家に接近し、白川家ともつながりを結び、さらには親藩たる水戸・尾張の徳川家に仕官しようとして執《しっ》拗《よう》に努力を行なったことは、ひとつにはこの彼の性格によるものであると思われる。

強烈な権力への意志は敵(と認めたもの)に対しては、きわめて強い攻撃としてあらわれ、自らは傲慢《ごうまん》自尊の態度を示す反面、権威(と認めたもの)に対しては、それへの帰入・合一の願望を秘めつつ、単に従順としてばかりではなく、その態度をこえて著しい権威的存在への吸着的傾向としてあらわれるものだからである。

彼が天保五年、尾張藩から給せられていた三人扶持(僅か!)を召上げられたときには、「胸つとふたがりて」

今はあさ三つの棠《み》もなし老猿の　土をはみてや神習はなむ

などと哀れっぽい歌をよんだり、別な時には「世に〃上見れば及ばぬことの多かりき　笠きてくらせおのが心に〃といふ歌を、やごとなく言ひはやすがかたはら痛さに

上見れば及ばぬ事の多かれど　かさぬぎて見む及ぶ限りを」

というような自信にみちた尊大な趣きを示す歌をよんだりしていることは、彼が右に示すような性格の持主であることを一面から実証すると思う。

第二・第三の問題は尾張・水戸の徳川家についての問題である。

『玉だすき』二に、篤胤は「……然《さ》ればこの御国学《みくにまなび》は、畏《かしこ》くも東照宮の始を興し給へるなりけり。……抑々《そもそも》東照宮に、公子おほく御坐《おは》しける中に、彼草薙《かのくさなぎ》の御剣の、鎮座ます、尾張の国を封し賜《よさ》へる敬公(徳川義直)にしも、御国書を賜ひて、古学

を興さしめ給へる事は、幽契《ふかきゆゑ》ある事のごと、思はるゝは何に有らむ。扨また光圀の卿は、宝とある種々の書ども撰び坐《まし》て、大に古学を興し給へるより、世にも弘まり……」とのべ、『古道大意』上でも同様のことをいっているが、彼がことさらに右の両家に接近しようとしたのは、この理由からであると考えてよいであろう。

尾張藩との関係

尾張藩との関係

篤胤は文政四年ころから尾張藩に接近することを考えたらしく、五年には著書を献じたりしているが、九年から御出入を許され、さらに一三年には屋代弘賢の仲介によって、三人扶持を給せられることになった。ここには詳述しないが、この間の篤胤の尾張藩への仕官の運動は長期にわたり継続して、実に根気よく行なわれたのである。しかし、篤胤は右の成果に満足せず、正式に藩士として取立てられることを願い、水戸家から推挙してもらうなど種々運動したが、その事は成功せず逆に扶持召上げとなったことは前述の通りである。

水戸藩との関係

水戸藩との関係

篤胤と水戸藩との関係は文政一一年、屋代弘賢を取次として著書を献上したにはじまり、その後出入を許され、天保三年には水戸藩主の名によって家老中山備前守から、尾張藩家老成瀬隼人正《はやとのしょう》へ推挙されるまでになっている。ついで天保五年一一月には藤田東湖（文化三—安政二、一八〇六—五五、当時彰考館総裁代理）に内願書を送って、とくに神祇式の取調べにつき、「御史館御出入、右御用向仰せ付られ下し置かれ候はゞ、多年丹誠仕候規模相顕れ、本懐此上無く、有難き仕合存奉るべく候。」と、史館に採用されたいと申し出、さらに翌年正月、屋代弘賢の名義で篤胤推挙の口上書を東湖に送ったが、水戸藩側からの返事はなく、六年一〇月再び屋代の名ではじめに篤胤を取次いだ水戸家の用人鵜殿平七宛に願書を出したが返書に接せず、このことは無効に終った。

篤胤はこのことにかなり落胆した様子で、同年一二月には、

今し世にひく人もなき道奥《みちのく》の　あたたら真弓張ずも有なむ

と詠じている。

右のことは、同じく古典の研究を中心としてはいるが、平田学と水戸学との学問的（または思想的）性格の差異に基づくものと考えられる。この性格のちがいは平田学がもっぱら被支配層＝庶民の生活意識とかかわりあって成立しているのに対し、水戸学が支配層＝武士の政治意識の上に形成されていたことに基づくと思われるが、篤胤の願いがいれられなかったことについては、そこまで論を及ぼす必要はないであろう。

儒学者の平田学観

藤田東湖は天保五年三月二九日付の会沢正志斎（天明二－文久三 一七八二－一八六三）宛の書簡の中で、

平田大角なる者は奇男子に御座候。野生も近来往来仕候処、其怪妄浮誕にはこまり申候へども気概には感服仕候。……三大考を元にいたし附会の説をま

じめに弁るはあきれ申候へども、神道を天下に明にせんと欲し、今以《て》日夜力学、著述の稿は千巻に踰《こえ》候気根凡人には御座無く候。去り乍ら奇僻の見は最早牢固として破るべからず候、憾《うら》むべし。

といっているが、ここにみられる水戸側の篤胤観が決定的だったと思われる。

そして、そのほかに幕府の意向が働いたとみてもよいであろう。

天保五年ころ、平田の国学は儒道・仏道・神道をそしり、独自の見解をおしたてて世人を欺くものであると幕府に申し出たものがあり、幕府はこのことについて林大学頭に諮問したことがある。これに対する回答は天保五年六月になされたが、その中で述斎は、「一体大角身分は板倉阿波守家来にて、暇を取、阿波守方立ち去り、当時尾張殿之威勢を仮り、人を欺き候手段と相聞え申候。」しかし、その著書の絶版までは必要なしといい、「但尾張殿扶助致し《し》置かれ候ては、何となく公儀へも響き合ひ、それに依て心得違ひ、弥〻《いよいよ》欺かれ候者も、此後多く出来申すべき儀に付、尾張殿家老へ、扶持取放ち申付られて然るべき旨之御沙汰御座候はゞ、年来大角巧み候深意も違ひ、世上に而も、自ら取用候者薄らぎ、世の妨げ、人之害と相成るべきほどの事も出来間敷《まじく》と存奉り候。」とのべているが、ここでは篤胤の思惑が的確に見ぬかれているように思う。

また同じ書面で、「其著述者《は》、一時を欺き候迄に而、後年に至り候而者《ては》、誰有りて看読仕候者もこれ無く、遂には反故《ほご》と相成申すべき事、顕然に御座候間、絶板之御沙汰には及び申間敷哉に御座候。」といっているのは、平田国学の神秘的・非合理主義的特質に対する、儒教の現実的かつ合理主義的な性格の思想的優越を確信する立場を示すものであり、この点では藤田東湖と同じである。この儒者的立場は「儒教」が国学を担う非合理的意識をとらえることができなかったことを示すものだと私は考える。

尾張藩が同年一一月に篤胤に対する扶持を召上げたのは、この大学頭の意見が採用せられてのことと判断されるので、この点については水戸藩も同様と考えるのである。

右二家のほか、多数の大名と篤胤は多少の関係は有したが、結局その藩士となったのはその出生の藩である秋田佐竹藩においてであった。

佐竹藩への復帰

篤胤はもともと佐竹藩を脱藩したのであるが、文政一一―一二年ごろには藩への出入を願うようになり、天保三年には水戸藩の鵜殿平七へそのことの執成しを手紙で依頼しているようで、下書きが残っているが、その効果は不明である。その後(多分天保九年)、篤胤は佐竹藩の名を冠した表札を掲げ、佐竹邸内の知人を訪問したい旨を佐竹藩に願い出て許されているが、『略記』天保九年の條には、「今年五月より、改めて秋田藩中と成り玉ふ。……今年にいたり、佐竹家より、其篤学を称美し玉ひて、其筋を以て、帰藩すべき由内命あり、且本姓大和田を称するに及ばず、実家とは別段にて、此儘平田氏にて然るべきよし。之に依て其命に応じ、家祿百石の積りを以て、今天保九年五月十七日より、秋田藩中とは成り玉へるなり。」と書かれており、藩から帰参を命ぜられたようになっているが、実情は右のごとくである上、この記事はかなりに事実と相異する。

天保九年一二月二日に幕府の奏者番青山因幡守から佐竹家の江戸藩邸に呼出しがかかり、鈴木小平太が出頭したところ、平田篤胤なる者は佐竹の家臣であるかとの問合わせで、小平太はそれを否定して引とったが、藩では正式の家臣ではないが、御家来の積りとして了承していることを知り、当面を糊塗《こと》するために同日夕刻再び出頭して、篤胤は佐竹家臣の大和田清兵衛の息であるが、寛政五年以来江戸で国学修行をしていたもので、当年五月に家来として召立てたものであると回答を修正したというのが事実であって、『略記』に五月に帰藩したとあるのは、この架空の事実によったものと考えられる。それ故に、佐竹藩では篤胤を正式に藩士として認めていたわけではない。

篤胤に対する幕府の強制帰国命令が、はからずも篤胤を佐竹藩士としたこと

ところが天保一一年一二月末日に、老中太田備後守(資始)は佐竹家留守居役を呼出し、

平田大角

右之者早々国許へ差遣はせらるべく候事

なる書附を手交するとともに、口頭で「右大角儀、是迄著述書数多これ有る由、以来は差留申さるべき事。」と宣告した。そして、これは翌天保一二年正月元日に篤胤に告げられた。

そこで篤胤夫妻は正月一一日江戸を出発、下野国(栃木県)仁良川の秋田藩領まで赴いて冬中滞在し、四月五日同所を発して二一日久保田城下(現秋田市内)に到着したが、この篤胤の身にとっての不幸が、逆に秋田藩士となるきっかけとなって、一一月二四日旗本として召出されることになった。但し俸祿は僅かに一五人扶持と給金一〇両である上、お借上げと称して天引きがあったから実際は一四人扶持と八両

であった。『略記』に一〇〇石とあるのは、体裁をかまっての虚飾である。

篤胤の絶望と死

篤胤はこの後久保田に住み、藩に仕え門弟を教えながらも、江戸にかえって再挙する志をすてず、種々運動したが成功せず、天保一四年(一八四三)閏九月一一日死去した。時に六八歳、秋田にかえってから二年半の間にも入門者は七一人を数え、その総数は五五三人に達していた(宣長の門人は四九〇人)。

このように門弟は漸増し、おびただしい著書をあらわしてはいたが、その多く

篤胤の墓(秋田市手形山所在)

篤胤が国許へ退去させられた理由

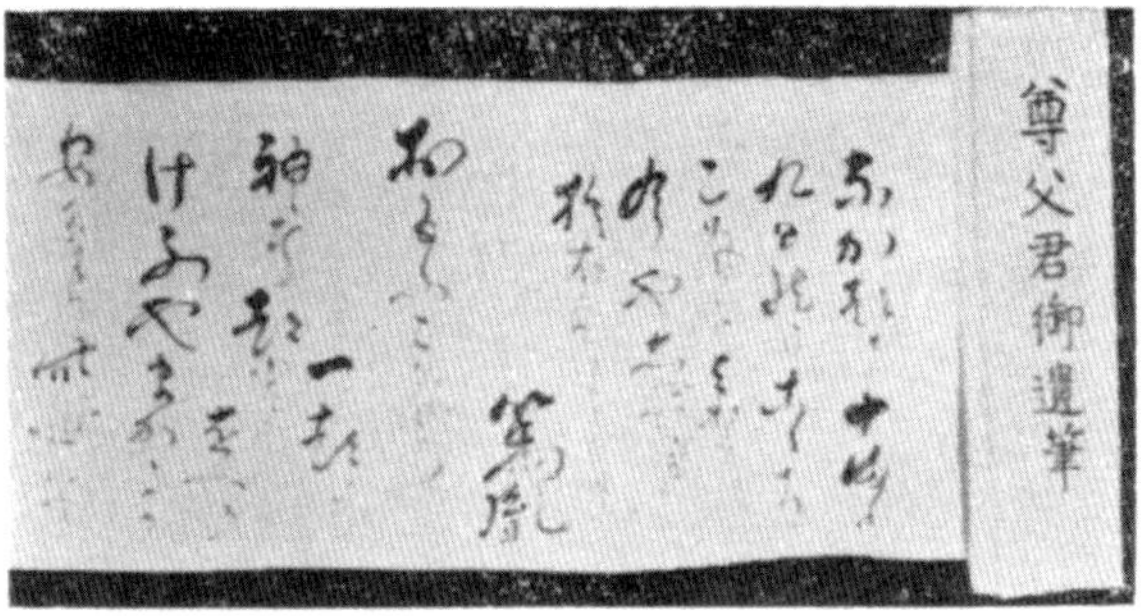

篤胤の短歌

は未完成であり、ことに平田学の中枢的部分である『古史伝』の改稿補筆を残したままに、公権力によって著述を禁止され、これまでの活動の地江戸を追われて東北の辺境に住み、再挙の見込みもたたなかった晩年における篤胤の心境はつぎの短歌に知ることができるであろう。

天保十四年と云年の夏の比《ころ》より病に臥たりけるが、ながつき十まり九日の日こゝちことによからず、今やしぬべくおぼえしかば、

おもふことの一つも神につとめをへず　けふやまかるかあたら此世を

しかし、篤胤はどうして幕府によって江戸か

ら追放されたのであろうか。

彼の著述と講説とが江戸幕府の安全を脅やかしたのであり、篤胤一人の身が幕府の一大敵国たるの観を呈したからだ、という考えは、国学ことに平田学の方向を反徳川体制的と規定して、これと王政復古・明治維新をストレートに結びつける戦前の研究書にはしばしばみられるが（例えば山田孝雄『平田篤胤』）、そういう考えが妥当しないことは、すでに自明であろう。

篤胤の著作・言動が支配層のイデオロギーとしての儒教の立場からは、牽強附会《けんきょうふかい》と非合理にみちた新興宗教的なものとみられていたことは、天保五年前後における幕府の諮問と林述斎の答申、尾張・水戸藩との関係など既述の部分から考えられるところであり、すくなくとも幕府筋から好感をもってみられていなかったことは確かである。しかし、篤胤追放の直接の原因は、この篤胤が公的制度設置という政治的行為に関《かか》わろうとする（と当局者によって思われた）姿勢をみせたところにあると考えられる。

尺座設立の企てと篤胤

篤胤は『皇国度制考』『赤県度制考』と、度制についての著書をもっている。それらが平田学の学的底辺拡充の目的にそってなされたことは前述のごとくであるが、しかし、この研究は屋代弘賢の依頼によってなされたものであることも事実である。これには実践的な意味が附随していた。すなわち、屋代は量・衡には一定の制があり、金銀衡升の座もあるのに、尺度についてはそれがなく区々であるから一定の基準尺を決定し、この基準によって尺座を設定する必要があるが、この座を新たに設立すれば幕府へ冥加金を差出しても、なお五万両の利益があると考え、その基礎となる研究を篤胤に依頼したというのである。

これは天保六年一〇月八日に村田春門《はるかど》がうけとった伴信友からの書簡に記されているところで、信友はこれを篤胤からきいたのである。春門は文政六年篤胤上京の折にも篤胤に敵対感情を示した人であるが、当時は老中水野忠邦がわざわざ大坂から迎えて国学・歌文の師としていた。

この尺座設定の企てのことを春門は水野に報告している。それは春門の日記一〇月一二日の条に、水野忠邦に「極々内々ものさし座目論《もくろみ》の義申上候所、（忠邦が）きわめて御不承知の趣也。」とあることから明らかである。そして、平田篤胤の名前が幕府のブラック＝リストにのったことであろう。

天保期の情勢と幕府の態度

天保一一年五月に幕府は天文方に対し、「蘭書翻訳致し候品、暦書・医書・天文書等を始、窮理書之類、其筋取扱候者之中、猥《みだり》に世上へ流布致さず候様、取扱申べく候。」と布令を達しているが、この洋学から得られた知識は直接幕府が利用してこそ国益であるが、民間に流布する場合はかえって害をなすとして、すべてを有司に専属せしめる方針は寛政期以後の基本的方針であったが、この令達はとくに洋学者高野長英（文化元―嘉永三 一八〇四―五〇）が『夢物語』を、渡辺崋山（寛政五―天保一二 一七九三―一八四二）が『慎機《しんき》論』を著わして鎖国の政策を批判して処罰された直後において、改めてその方針を強調したものと思われる。改暦もまた当然に公権力のみの行なうべきものであり、幕府天文台は寛政八―九年（一七九六―七）のころにその事業を行なったのである。それ故、この年（天保一一年）に篤胤の『天朝無窮暦』について、幕府天文台から糾問があったのはむしろ当然であろう。これは屋代弘賢を通じて来た。そして篤胤はこれに対し答弁書を差出している。

幕府が篤胤に対してもった関心についての事実は以上のごとくである。どれも篤胤を処罰するに足るほどのものはないようであるし、また、藩に対してその家臣を在所へ差遣わせというのは処罰ではない。が、篤胤が幕府から忌避されたとはいえる。

天保期（一八三〇―四三）は幕府にとって、多事の時であった。天保四年・五年・七年と凶作・飢饉が続き餓死する者も多く、米価は昂騰《こうとう》して諸国に百姓一揆が起り、江戸・大坂にはうちこわしが続発する。その上、八年には大坂で与力大塩平八郎が救民の旗をかかげて反乱を起し、これに刺戟されて篤胤の門弟生田万《いくたよろず》（享和元―天保八一八〇一―三七)が越後(新潟県)柏崎の代官所を襲撃するという事件が起っている。のみならず、六月には米船モリソン号が日本漂民の送還と通商の目的をもって浦賀に入港しようとして砲撃されて引返すという事件があり、これをめぐって幕府の鎖国政策を批判した高野・渡辺らが処罰された前記の事件、いわゆる「蛮社の獄」が起っている。社会情勢は安定を失い、各層の幕政当局者の神経状態も当然安定を欠いたであろう。このような情勢のなかで、天保一二年老中水野忠邦は改革政治にのり出すのである。幕府にとって忌避すべき若干の理由のあった篤胤が、この天保的状況において、いささかの処分をうけたことは奇とするに足りない。

篤胤自身は度制・尺座のことで、伴信友・村田春門が彼の失脚をはかったと考えていたらしく、天保一三年七日六日付の鉄胤宛の書簡に、「……又水越(水野越前守忠邦)へ、ざん(讒)せる奴は、一柳(村田春門)と伴奴(伴信友)なること疑なし。是又種々思ひ合さるゝ、こと共あり。」といっている。

しかし、元来は篤胤と信友とは親友だったのである。そして、この二人の国学者が不和になり絶交に至ったことは篤胤伝上の一事件としてしられている。

信友は本居派のうちではもっとも古い篤胤の友人で、その交友は本居大平の紹介により文化二年にはじまっている。そして、篤胤は信友の学識と人柄に信服して、自分は弟となりたいなどといい、文化一一年（あるいは一二年）三月一三日付の信友宛書簡では、あなたと私とは初めて会った時から「不測にも魂合せ、君の心付きたまふことは、予もほの〴〵と心付き、予が思立つる事は、君はとく心付きたまふなど、実にあやしく、……これ極めて幽《ふか》き契のなくては、かく魂合ふまじく候也。」とかいていること、また前掲（一四八―一五〇ページ）の自家の窮状をうったえた手紙などをみると、篤胤の信友に対する尊敬と親愛の心情が理解され、両者の親密な関係が想像される。

しかし、文政二年『古史徴』出版に当って篤胤が無断で未公開の信友の説を、

「信友曰はく」として採用したことから、両者に不和の情がいりはじめたという。

この年、篤胤は信友について、「此人は人にやあると熟《よ》く見れば否《あら》ぬ毛ものぞ人の皮著る」との歌をよんでいるし、また信友の門人、山岸蝸亭《かてい》の聞書きによれば、信友はしばしばこのことについてふれ、「篤翁博識多才は実に御残念に思召され候へ共、何分慢心は恐るべし〳〵と仰にて、風上には置くべき人物にあらず。」といっていたという。

信友と篤胤との関係の真相についての解釈

しかし、なお交際はつづけられたが、文政一二年一〇月二日に信友が訪問した際、『古史徵』出版時の信友の言動について釈然としていなかった篤胤が、そのことをむしかえして信友を面責したことがあって以来、二人の仲はますます遠のき、度制・尺座の一件以来決定的に悪化し、篤胤が秋田に退いてからは信友に対する感情はさらに一段と悪化して絶交に至ったのである。

親交から絶交へと変転するこの二人の関係は、大体右のように考えられ、これが通説となっているが、その資料は殆んど平田側のものであって（この全体の経緯

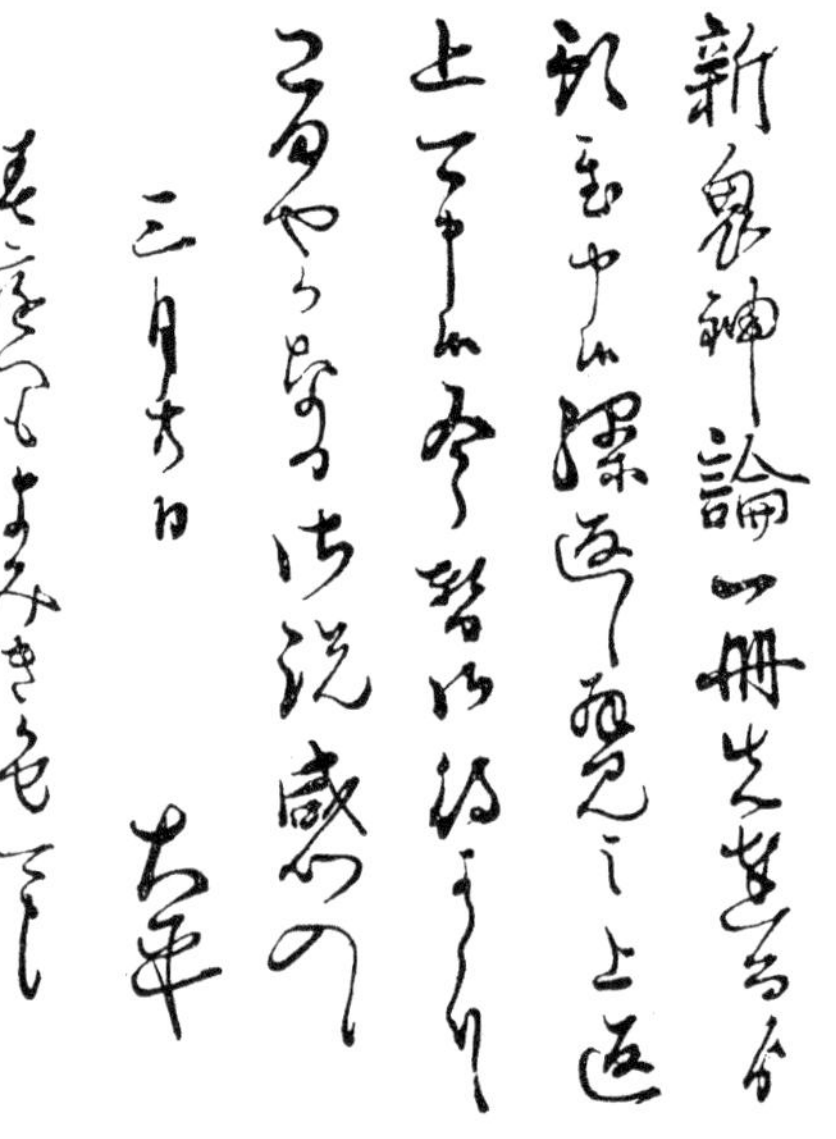

『新鬼神論』に寄せられた本居大平のはしがき

新鬼神論一冊先達而より
預置申候。繰返し拝見之上返
上可レ申候。今暫御待被レ下度候。
こまやかなる御説感入候。
三月廿日　　　大平
春庭へもよみきかせ可レ申候。

について篤胤が『古史本辞経』の末尾にかいており、この関係をめぐっての書簡・記録は平田側には多いが、信友側のものは殆んどない。)、解釈が事実よりかなり偏ったものになっているのではないかと思われる。

初期の親交についても、右に引用した書簡などからみると、水魚もただならぬ交わりであるようにみえるが、これなども篤胤の偏執的・独断的な性格から考えるならば、信友の学識・人格のうちに、自分の理想像をよみこんで、勝手に「幽契」などをまで考え出した結果ではないかと考えられる。この点についての信友側の資料がないので断定的なことはいえないが、信友の学風から察して、篤胤のような熱狂的友情関係を保つ人柄とも思われず、資料のないこと自体が、この私の考えを支えるといえるかもしれない。

そもそも篤胤と信友とは、学風も性格もむしろ対蹠的と考えられる人物で、篤胤が『新鬼神論』を出版しようとしたころ――篤胤は文化四年三月一六日付の本居大平宛の手紙でこの書の序文を乞うているが、実際は出版せられず、改訂ののち文政三年に刊行された。――の本居大平宛書簡（文化四年六月二三日付）のなかで信友は、「新鬼神論上木《じょうぼく》の由珍重に候。去り乍ら、彼書の大意は、漢国にも古《いにし》へは、天神をはじめ神ある事をしれるといふ事を、明したるのみの事也。……新鬼神論無益の論にて、漢意人《からごころびと》の為には悦ばるべけれど、中々の道を敷施《きこ》さんためには便《たより》あしかるべしと、平田氏へ先年申試候て、大方得心《とくしん》にて、上木などは止申《め》すべきの由にて候処、又々差出され候と存候。尊慮如何。」と『新鬼神論』に批判的な意向を示しているが、ここに信友が指摘する難点は、後年平田学が世界宗教的神道へと規模を拡大していくについての不可欠な部分であるから、信友と篤胤との学問的・思想的相異は、共に宣長門に在るという主観的条件を除いては、本質的であることがあきらかとなり、両者の交友関係はその初期から篤胤が自分で思っているほど密度の濃いものではなかった、と考えるのが妥当であろう。

『古史徴』の出版に当って篤胤のとった処置——未公表の信友の旧説を無断で公開し、その削除の要求にも応じない——は、正確厳密な考証を中核としてその学風を形成している信友の性格からすれば、誠意なきものと見られたと考えうる当然の理由がある。篤胤は信友がその説を自由に取捨・採用せよといったといっているが、おそらく信友は篤胤に考証の資料とヒントを与えたつもりであったと思われ、篤胤の信友説利用の仕方を無責任・不誠意と考えたのであろう。同じことをこのようにくい違って受取っていたために、文政一二年に及んで篤胤が信友をこのことで面責したことは、この交友関係を冷却すべき決定的な出来事であったに違いない。

私はこの篤胤伝上の事件を、篤胤が信友との学問的および性格上の顕著な差異を軽視し、自分をあまりにも信友と密着したものとして、自他を混同して考えていたことに原因すると解釈する。それ故、『古史徴』問題をめぐって自覚された信友との異和感が、冷静に処理できず、悪質な裏切りのように感ずることになってしまったので、これは篤胤の権威への吸着的傾向とパラレルな特定人格に対しての情的吸着的傾向による。

(二)篤胤の性格

彼のパースナリティにおけるこの傾向は、その幽冥観を媒介として、亡妻織瀬および亡師宣長との関係を主観的に設定する心理的要因であるとともに、前述のごとく、彼の過剰な自信や尊大さ、および敵に対する攻撃的傾向はこれに由来し、これを裏がえしにしたものと見ることができ、また逆に信友との関係はこの彼のパーソナリティを実証する好箇の資料と考えられる。

そのため、一旦この時点で敵に転じた（篤胤の主観では）信友に対しては、憎悪感が漸増し、後年の自己の不遇のすべての原因がそこにあると妄想するようになる。秋田に退いてから、藩への祿仕が遅れたこと、一〇〇石位と予期していた俸祿が意外に少額であったことなど、すべて信友の奸計であると思いこんでいたようである。

もちろん、信友の方も篤胤の態度変化に応じて、その態度をかえていったのであって、天保六年尺座もくろみの一件について村田春門へ告げた手紙にも、「抑々件《くだん》の尺度の事」、篤胤の説によって天下の御政事に干渉することは、恐れ多いばかりでなく尺座に混乱があるわけでもないから、人民の為にもならず私利を得るために無益の新例をたてることなので、「然るべからず候事とおもひ給へられし也。かくはおもへど、諫むべき道なく、いたくはらふくれて、夢さめ侍りき。此事甚《だ》ひめ事に候へども、おのれにはとて、いたく心ゆるして語れるを、かくもらし候は本意ならねど、ふと天下の大事におよび候てはと、あまりにはらふくれして也。」とある。

ここに至っては信友の対篤胤感情も極度に悪化しているのであって、それが篤胤の場合のように面責などとなって顕化せず、このようにむしろ陰険な手段としてあらわれていることは信友の性格に由来するものであろう。篤胤の臆測もこの部分では適中していると思われるが、その総体が妄想であることに変りはない。

以上、平田篤胤伝後期の諸事件について、それぞれ解説するとともに、そこにあらわれた諸相から篤胤のパーソナリティについていささか述べた。とくに伴信友との関係については、この問題を一層考究することを目的として、すでに知られた篤胤の性格から事件の経過を解釈し、その真相を解明するとともに、またさらにそれを通して篤胤の性格を一層あきらかにしようと試みた。

私はこれらの諸事件は篤胤の側からいえば、専ら篤胤個人の性格によって起ったものであり、平田学の思想的性格とは、すくなくとも、本質的関連を有しないと考えている。このことは平田学の思想的に基本的な性格を、篤胤自身が充分自覚していなかったことと関連があるだろう。

この後期の篤胤がたどった路を、彼の死後、幕末・維新期において平田鉄胤・大国隆正を中心とするその門人の一団が再び歩まうとする。そして、維新期のイデオロギー的混乱状況において、政治的上層へとつきぬけたこの平田学の一派は暫時にして再び野《や》に下る。そこにこそ平田国学の基本的性格があるのである。

（本節における「事実」については、渡辺金造「篤胤と伴信友との交渉」「篤胤と交渉ある諸侯」「篤胤の晩年」（以上、渡辺前掲書所収）に主として拠った。）

一〇　平田学の性格

その思想、平田学を中心として、平田篤胤についての事実を以上に説明してきたが、この最終節においては、それらを総括する意味で、ことに「宣長学の性格」と対比しつつ、平田学の性格について若干の考察を行ないたい。

まずその導入部として、論じのこしておいた問題、両者ことに篤胤の天皇論について検討を加え、そこから以下に論及すべき問題をとり出したい。

宣長の天皇論

掛まくも可畏《かしこ》きや吾天皇尊《わがすめらみこと》はしも、然《さ》るいやしき国々の王どもと、等《ひとし》なみには坐《まし》まさず。此の御国を生成《うみなし》たまへる神祖命《かむろぎの》の、御《み》みづから授賜《さづけ》へる皇統《あまつひつぎ》にまし〳〵て、天地の始めより、大御食国《みをすくに》と定まりたる天の下にして、大御神の大命《おほみこと》にも、天皇悪《あし》く坐《ま》しまさば、莫《な》まつろひそとは詔《のり》たまはずあれば、善く坐さむも悪く坐さむも、側《かたはら》よりうかゞひはかり奉ることあたはず。天地のあるきはみ、月日の照す限りは、いく万代《よろづよ》を経ても、動き坐さぬ大君に坐せり。故《か》れ古語《ふること》にも、当代《そのよ》の天皇をしも、神と申して、実《まこと》に神にし坐しませば、善悪《よきあし》き御《み》うへの論《あげつら》ひをすてゝ、ひたぶるに畏み敬《ゐやま》ひ奉仕《まつろふ》ぞ、まことの道には有りける。

これは『直毘霊《なほびのみたま》』における有名な宣長学の天皇本質論で、ここでもっとも注意すべきことは、天皇が神としてあらゆる判断や行為の基準そのものであって、他からのすべての批判を超越する存在だ、ということである。

国学者の天皇論は原則的にこの宣長説をモデルとして行なわれており、篤胤も、山の神・川の神も天皇に服従奉仕するのであり、陰陽をさえ天皇は自分の意志によって左右しうると説き、「誠や御世々々の天皇命は、天照大御神の、直《ただ》の御子におはし坐すが故に、天子と申せば、真の御稜威《みいづ》は、固《もと》よりかく御坐《おはす》べきこと申すも更なり。是を以て現人神《あらひとがみ》とは申せり。」(『玉だすき』八)と天皇の超越性を論ずるのであるが、平田学で注意すべきことは、天皇は基準そのものではなく、他からの批判を超越しえないこと、すなわち、天皇批判ないし規制の論理が平田学において発芽しているということであり、これが宣長学天皇論との決定的なちがいである。

例えば篤胤は慶長二〇年(一六一五)に幕府から発せられた「禁中並《に》公家諸法度《はっと》」の初条、「天子御芸能之事、第一御学問也。学ばざれば則ち古道に明かならず。而して政を能くし太平を致す者は、未だこれ有らざる也。……禁秘抄に載する所の御習学、専要に候事。」を引用し、これについて、

こは最も有がたき御文也。其の由は、是まで天下麻の如く乱れて、朝廷の御衰微ありし事は、中世より天皇命たち、余りに仏法を信じ坐《まし》て、古道を明らめ給はず、神世の御由緒を思《おぼ》し食《め》さず、第一に御務めあるべき神事を麁略に遊《ば》せるより起れる事を(東照神御祖命《あづまてるかみのみおやの》=徳川家康が)勘考し給ひ、此の後は古

への如く、禁中の作法、まづ神事、のちに他事たるべく、其の心得には、禁秘御抄の御習学こそ、専要に侍《はべ》れ、と宣へる御文なればなり。

（『玉だすき』二）

という。もちろん家康が考えたというのは篤胤の解釈で、実は篤胤の意見であるが、それによると朝廷衰微の責任は天皇自身の行為にある。いわばその結果が予測できるにもかかわらず、酒をのみすぎて貧乏になったようなものだというのである。つまり、天皇の行為基準は天皇に対して外側から与えられ、例えば禁中諸法度として客観化しうるとされている。

天皇論における両者の差異とその原因

ここに宣長学天皇論との本質的なちがいがある。天皇を皇祖神直系の現人神《あらひとがみ》と考えること、また天皇を万人・万物が服従し尊崇すべき対象と見做《みな》すことなど、その天皇論の根幹において説を同じうするこの二者が、かかる重要な点について、むしろ正反対な所説をとっているのは何故であろうか。

一体、規範が守るべしとして提示されるとき、その守った結果に善き保証がない場合には、その規範は規範としての機能をもちえない。

ところが宣長は「天道は善に福《さいは》ひし淫に殃《わざは》ひす」というのが当然の道理であるが、「然れ共此語は、理にはよくあたれ共、事の跡につきていふときはあたらず。」(『くずばな』上)といって、規範遵守の結果として善福の来ることを否認するから——これは現世におけるもろもろの事が善悪無数の神々の働きの結果と考える彼としては当然であるが——宣長学において現実的規範が存在すべき余地はなく、同時に人間は自己の行為についての責任から免れている。下たる者の楽しく穏《おだい》しく生きるべき方法は、実質ある規範をもつことなく、究極的には天皇の大御心を心として‖自己の主体を完全に滅却して、上からのおもむけに身をゆだね、これにとけこんで服従・奉仕することである。それ故に、この実体ぬきの心の態度が規範となる。この非規範的規範をまもることの結果としての善福はないけれども、これを遵守すること＝物のあわれをしる心になること自体が理想的な上古的共同体の生活を主観的に味わうことであり、現実に楽しく穏しく生きることであり、風雅の道に連ることなのである。実体ある規範をたてることは論理的にいって宣長学の否定と破壊を招くことになる。宣長学の天皇論が被治者の心がまえ論としてあらわれるのは、この理由による。

一方、平田学においては、現実的規範は日常的生活において、もっとも重要な存在であり、それは死後の幽冥における大国主神の審判によって、堅固に支えられていることは前にみたところである。

しかも、平田学は古代の事実を明らかにして、そこから現実的規範を学びとろうとする方向において成立したのであるから、そこから天皇に固有な規範を得ることができるはずである。それ故、天皇的規範が客観化されうることは自明となる。

このように、天皇論をめぐっての両者の差異は、それぞれの思想成立の契機に基づく学問的性格の差異に由来する。この宣長学から平田学への径路は第一に非規範的な宣長学から、規範学としての平田学へ、という質的転換を示しているが、また、それは同時に現世的＝非宗教的な宣長学から現世を寓《かり》の世と考え、来世（幽冥）を本つ世とみることを核心とする宗教的な平田学への路である。

平田学の宗教的性格、世界宗教 Weltreligion へ発展しようとするその志向についてはすでにのべたが、平田学の全体的な構成から考えるならば、その表現と規模にもかかわらず、現世的規範＝「道」にもっともウェイトがかけられ、その規範の支柱が来世に求められたために平田学全体が宗教的色彩を帯びるのであって、実はその宗教的性格は案外に稀薄であり、「極楽よりは此の世が楽しみだ」（『伊吹於呂志』下）という彼の言葉は、その一面を表現するものと私は考える。

篤胤における国学の儒教化

宣長は儒教をその論理とイデオロギー性において徹底的に批判する一方、下たる者の立場にたって、実体ある規範としての道を排しつつ、上からのおもむけに対する心からなる服従を説いたが、このことは結果としては儒教的実践徳目の遵守と結びつく。ところが、平田学における道は現実的規範であるから、儒教的徳目そのものが平田学の実践論に流入し、平田学実践論は内容的にも儒教的実践道徳に接近する。すなわち、篤胤は、

其は男女を云ず、君親《きみおや》に仕ふる人は更にも云ず、君親を持らぬ人も、人道を行はむには、必神に仕へずば有べからず。（中略）是ぞ謂《いは》ゆる五倫の道なるが、某々の道は、諸越籍《もろこしぶみ》どもは更なり。数多の書らに説記せれば、其を見て常に講習をも為すべし。（『玉だすき』七）

という。篤胤において国学が儒教化されたといわれる所以である。

しかし、平田学では現実規範の内容にではなく、この規範の宗教的な基礎づけの仕方そのものに特徴があり（現実規範そのものにではなく、内面的に、その心の態度を規制することを通して、その規範を基礎づけるという点にかぎっていえば、宣長学の場合

と同じであり、これが、とくに儒教に対し、国学を特質づけるものである。)、これあるが故に平田学はその基盤を外国学にまで拡大せざるをえず、かくして、平田学は体系的な思想としての展開を開始したのである。

平田学が国学の正統であることの理由

だが、あくまでも宣長学の正統をもって自任する篤胤が、宣長の排撃した儒教的道徳をそのうちにとりいれたことは、いかに解釈してしかるべきであろうか。

真淵・宣長が儒学を排撃したのは、彼らが「古《いにしへ》の道を知れる人なく、只に漢説のみ囀《さへず》るを、学問と心得たりし時に」世に現われたという限定された思想史的環境に基づいてもった、その啓蒙的性格によるのであって、彼らの真意は、「その旧習を改めて皇国の古道に入らしめ、古道を学問の骨髄として、謂《いは》ゆる五倫の道の教へなどは、其の上にて学び得しめむとの事」であったのだと篤胤は解釈している(『同』上)。篤胤が真淵や宣長とちがって儒教的な五倫の道に親近性をもつのは、すでに国学が「啓蒙時代」を終って本格的実践段階にはいっているからなので、

平田学が正統であるという主張の吟味

平田学は単なる宣長学の祖述ではなく、それが故にこそ正統である、というのが篤胤の主張であり、彼はこの立場にたって、現在の多くの古学者が右の「真意」を会得《えとく》せず、ただ真淵・宣長ら先人のいう通りをまね、したり顔をして儒学の講習をそしり、五倫の道の本義はもちろん、子供でも知っていなくてはならない洒《さい》掃《そう》・応対・進退の節度をさえ知らないで、歌文にばかり専心し、それを古学の大《やま》倭魂《とだましい》だと思っていると現状を批判する。平田学が日常的・具体的規範にウェイトをかけて組立てられていることは、ここからも分る。

しかし篤胤の主張は真として認めうるであろうか。

これまでに検討してきたところからは、宣長学と平田学とはかなり重要な側面において異なっており、この両者の間にはむしろ否定的な関連があるかにみえる。しかし平田学においても、その日常的・具体的規範の遵守・実践に当っては、外面的・形式的実行のみではなく、その内面＝心の態度こそが重要視され、この点についても大国主神の審判が行なわれるのであって、ここでは宣長学とその特質を同じくしていることに注意せねばならない。

また、私はさきに宣長学を、支配層がレアルな支配の理論を喪失した時点において、無意識のままに上からの政治に従いえなくなった被治者庶民の、下たる者の立場における、いかにして安定的に生きることができるか、との課題解決の努力の一表現と考えたが、その成立の社会的かつ主体的契機から宣長学の特質をこのように考えた場合、私はこの同じ状況において、同質の課題解決の線上に平田学が位置づけられると思う。

篤胤はその初期の著作『志都《しづ》の石屋《いはや》』下において、

……古へは古へで事少く、今は今で為す事業《ことわざ》の多きことゆゑ、とても古へのやうに、質朴、純固になることでは無けれども、古へを尋ね探つて、古人の大らかなる気質をまねび、神の道の妙《たへ》なる理を会得して、世に有りとある事物、おのが為すわざ、身の貧きも貴きも、みな神の御心で、争ひ難きものなることを悟つて、差越したる望み、強《しひ》たることは心して、成べきだけの限りを、心静かに計らひつゝ、世は穏かにくらしたい物でござる。

といっているが、この言葉を穏しく楽しく世をわたりたいという宣長学形成の契機となる願望をあらわす言葉にあわせてみるならば、平田学形成の社会意識と課題とが宣長学の場合と同じであることが分るであろう。

平田学は、この、いかにすれば人は安定した生活を送りうるか、という問題を解決すべく、その必須の条件として魂の安定する条件を探究し、ついに天地初発についての全事実を確定せんとしたところに形成されたのであって、課題解決の方法と結論は異なったが、もっとも基本的な問題設定は共通で、この点から私は平田学が被治者のための政治理論なる軸を宣長学と共有していると考え、そこに宣長学をまともに継受しているという篤胤の主張の真実性を認めたいと思う。

しかし、すでにみたように両者の理論的性格は大きくくいちがい――とはいっても、それは国学的思考の枠内のことであるが――その政治的機能も相異するので、つぎには、この点についてのべることにする。

宣長学政治論の要諦は、皇祖―天皇という超批判的存在の発する命令による政治形態が、それがいかなるものにもせよ、すべて物のあわれ的心がまえによって、うけいれられるところにある。それ故、徳川体制もそのかぎりにおいて支持されるのであって、その内容にかかわって支持されるのではないが、平田学では規範の定立＝道の客観化が行なわれ、その規範が死後の幽冥における大国主神による審判によって規範たることを保証せられる結果、人はこの現実規範の心からなる遵守によって、そのあらゆる意味での生活を安定化しうるが、逆にそれが実体ある規範であるために、平田学の政治理論は現実の変動に対処する柔軟性を失い、現実秩序を離れては存在しえないものとなる。

つまり徳川体制＝現実支配形態は、

さて東照宮（家康）より、将軍家の御代々、無窮《とこしへ》に天皇の御手代《みてしろ》として、江戸の御城に坐《まし》つゝ、諸蕃国を鎮めて、万民を撫育し給ふことは、畏《かしこ》けれど神世に、天照大御神皇産霊大神の、青人草《あをひとぐさ》を愛《いつく》しみ給ひ、其《そ》を治め給はむ為に、皇孫邇々芸《ににぎの》尊を、天降《あもら》し給ひし大御恵《おほみめぐみ》を、天皇に代りて、将軍家のなし行ひ給ふ道理なるが、また国々所々を持分け領《し》らす侯等《きみだち》は、その御手代として、預り治むる道理にぞ有りける。

（『玉だすき』二）

といわれて、天皇―将軍―大名という支配形態は、天照大御神―邇々芸尊という不動の関係に擬してとらえられる。すなわち、幕藩体制はその支配形態の故に――内容に即して――支持されるのであるから、平田学は徳川体制の擁護理論たりうる。ここから、天皇規制の理論は論理的当然として流出する。いや、天皇にかぎらない、平田学の政治理論では、上は天皇から下庶民に到るまでの、貴賤の差別を媒介とする構成が現実のままに固定され、各身分はそれぞれ固有の生活と奉仕のための規範を有し、社会的には身うごきのとれぬ状況があるべきものとしてえがき出される。

そして、この考えが、人民すべてがそれぞれの家業に専心することがそのまま天皇への奉仕であるという、幕末の国学者に一般的な「家職産業論」へと発展する。

「家職産業論」の系譜

これは封建的秩序における全人民政治参加の唯一の理論（実は職域奉公論）であるが、その先駆としては荻生徂徠の全人民皆役人論──「農は田を耕して、世界の人を養ひ、工は家器を作りて世界の人につかはせ、商は有無をかよはして世界の人の手伝をなし、士は是を治めて乱れぬやうにいたし候。各自其の役をのみいたし候へ共、相互に助け合ひて、一色かけ候ても国土は立申さず候。されば人はものすきなる物にて、はなれぐに別なる物にてはこれ無く候へば、満世界の人ことごとく人君の民の父母となり給ふを助け候役人に候。」（『徂徠先生答問書』上）――がある。上からの支配の理論である徂徠学を政治思想史的には、下たる者の立場からうけついだ宣長は、庶民の政治参加の根本的理論を「……又皇孫尊《すめみまの》の、天下を治めさせ給ふ、顕事《あらはにごと》の御政あるからは、今時これを分預かり給へる、一国〳〵の顕事の政事も、又なくてはかなふべからず。これ人もその身分〳〵に、かならず行ふべきほどの事をば、行はでかなはぬ道理の根本なり。」（『玉くしげ』）と表現するが、かにもかくにも上のおもむけに従うことこそ道であると下たる者の心がまえを規範として説いた彼には、具体的な政治参加の方法は見出せない。

宣長では、世の中の有様はすべて神々の所為《しわざ》によるのであるから、よくないことがあっても私意を以て改めるべきでないというその根本的な考えから、天下が現状のままに安らかに治まるために、家々それぞれにある世襲の職が維持されるべきであって、これに他から人材をいれるなどの変動を加えるべきでない、という消極的な保守的意見はあるが、この場合でも、「臣下といへ共、たゞその家筋を立て職を世々にして、みだりに賤夫《しつのを》を取挙ることなく、……」（『くずばな』下）から知られるように、農以下の被支配者＝庶民の家職が考えられているとは思われず、また、これは家職産業がそのままに天皇への積極的な奉仕となるという「家職産業論」ではない。しかし、上下尊卑の階級と世襲の家職とが結びついているとの考えが、篤胤以後の家職産業論に連る。

宣長学をうけつぐ篤胤の考えは根本の道理においては宣長の考えを、また具体的側面においては徂徠の全人民皆役人論の系譜をひいたかたちで、つぎのようにのべられる。

天下の全人民は、常に自分たちが天皇の大御宝《おおみたから》であることを自覚し、天皇の支配に有難く服従し、「各々某々《それぞれ》の家業を好きて、怠らず勤むべきこと勿論なり。其は士たらむ人は、士の業を好き、農たる人は農業を好き、工商また某々に其の業を好《すく》より、各々その業に上手となるは然る物にて、然しも其の道に至《り》深く成りなむ事は、神世の道に習ふ心ぞ本なりける。」

(『玉だすき』八)

このように平田学では政治体制およびその基礎的条件となる社会構成が、固定したものとして、さらにその固定的状態が当然態として考えられているのである。ここでは、支配体制としての徳川幕藩制が積極的に支持されるばかりでなく、被治者=庶民層内部の職業と身分が結合した社会構成の固定と、それを前提としての政治参加（職域奉公というかたちでの）が、平田学の視野にはいってくるが、これは庶民層内部における実際的生活の秩序保持という問題関心から発するものと思われる。以上からして政治思想としての平田学は宣長学に比べて保守的性格を著しく濃化していることが知られるであろう。

宣長学と平田学の関連と相異

宣長学と同じ社会意識から同じ課題を担って、同じく庶民的生活の理論構築を志向する平田学が、宣長学の場合と比べて、何故にかくも変異した姿をみせるのであろうか。

宣長が「物のあはれ」の説によって、庶民的生活の理論を全く現世内に組上げることができたのは、彼がこの物のあわれの説を基礎理論とする、和歌による風雅の道＝私有自楽の芸術的世界、すなわち現世における精神解放の場を有し、現世外に安心の根拠を求める必要がなかったことと関連する。ここに宣長学の特異性があるが、この道の学と歌の学が理論的に整合・統一されている特質を、トータルにうけつぐ者が、宣長死後の国学界に現われなかったことから考えるならば、「物のあはれ」論を核とする宣長学は主として宣長の傑出した才能と特異な個性の産物であるということができよう。彼が『あしわけをぶね』『石上私淑言』『紫文要領』などの芸術論（歌・物語の論）によって、その学的出発を飾ったところに宣長学出発の拠点としての彼の性格のかたむきがしられるが、これを『呵妄書』と『新鬼神論』から平田学が出発したのに比較すれば、両者の相異が主に天賦《てんぷ》の資質によると考えるのが妥当と思われる。

宣長が儒教を捨てて和歌の道にすすんでいったことの一つの原因は、儒教が政治的レアリズムとしての資格をもちえないという彼の判断にあった(五七一八ページ参照)。そして、その裏面にレアリスティックな政治の道を模索する要求が、すくなくとも心理的深層に存在したにちがいない。その結果として彼が見出しえた道とは、神代における事の跡であったのであり、そこには、いささかの規範的性格も許されなかったのである。

宣長学にひそむ規範学的性格

しかし、彼がこの皇国の道を現実的規範である外国の道と対抗せしめて、荻生・太宰らの一派は漢国のみを尊しとしてもちあげ、皇国を故意に賤しめることを卓見のように思っているが、……「かれらも幸に皇国に生れて神典を伺ひながら己《おの》が国の万国に勝れて尊き事をば考へ知る事あたはず、又此神道の外国の道どもにまさりて、真の正大の道なる事をも考へ知ることあたはず、剰《あまつさへ》是をおとしめそしるは、いかなる心ぞや。」(『鈴屋答問録』)

というとき、道の規範的性格が息の根を絶ったとはいいきれまい。また、晩年の

著『うひ山ぶみ』では、

学者はたゞ、道を尋ねて明らめしるをこそ、つとめとすべけれ、私に道を行ふべきものにはあらず。されば随分に、古《いにしへ》の道を考へ明らめて、そのむねを、人にもをしへさとし、物にも書き遺《のこ》しおきて、たとひ五百年千年の後にもあれ、時至りて、上にこれを用ひ行ひ給ひて、天下にしきほどこし給はん世をまつべし。これ宣長が志し也。

といっている。考え明らめられた古の道の実行を後世に期望するという場合の道が、実体的内容をもつ規範としての性格を帯びざるをえないことは見易い道理であろう。

あれほどまでに文献学的立場に執着して、道の規範性を拒否してきた宣長も、そもそもいかに生きるべきか？ なる問題解答の基準としての「道」の観念から、その影を消し去ることができなかったのは止むをえないことであったであろう。

だが、平田学の萌芽がここに見出されるとすれば、これは宣長学という獅子に巣喰う虫であったといえる。そして、和歌の道を経由せず、歌学文芸的センスの欠如していた篤胤は、現実生活の安定化への道を模索しつつあったという条件において、宣長学に接し、この一点に嗅覚を働かせて宣長学を道の学問、古道学としてうけとったのであろう。

すなわち、篤胤は自分の思想を宣長学のなかに読みこんだのであるが、宣長学にわずかに残る道の規範的性格がその契機となったわけである。このような要素をもつ宣長学が、篤胤なる人格を経由することによって、強調点をかえられて平田学へと変形していったと考えられる。

宣長学は、人民がいかなる政治形態の下でも安定的な生活を確保するための理論を提供するものである。真実に下たる者の立場からは政治形態や社会構成は直接の問題とならないのは当然であって、宣長はこの点において庶民心情の論理化に成功したとみてよいのではないかと思う。しかし、本当に宣長学を理解するには、「物のあはれ」的世界への体験的参与を必須の条件とする。だが、実際には宣長の所説の他の部分を肯定する人々も、安心なきが安心という宣長学の神道の安心論は殆んどうけつけない上に、死後の霊魂の行方についての宣長の説は誰一人としてみとめる人はない、とは彼自らがいうところである。すなわち、トータルな宣長学(部分的な理解では特質的に宣長学を理解したことにならない)の理解が一般的には殆んど不可能にちかいほど困難であったことが、ここからうかがわれる。この点からいえば、なんら操作を加えないありのままの人情、「欲」的要素を含んだ後世的な現実心情そのものに即し、現に存在する伝統的規範の保持を説く篤胤の思想、平田学の生活理論の方が一般に、ことに庶民の意識に即しては受容され易かったと思われる。

私のこの考えは、宣長死後の鈴門にトータルな宣長学をうけつぐ者がないのに対し、平田門では篤胤の思想をまともに継承する者が輩出している、という事実から支持されるだろう。これは宣長が国学史上に他者の比肩を許さない雄大な孤峯であったことを示すとともに、篤胤の意識が宣長に比して、より一般的・平均人的であり庶民のそれに近接または密着していたことを物語る。宣長学の場合にくらべて、平田学の普及が遙かに広汎かつ正統的であったことは、このこととかなりに深い関係を有する。これまでしばしばのべてきた平田学の強い保守的性格とは、現実規範に重きをおくならば理論的に現実体制に密着せざるをえぬことの当然の効果であって、実践的に宣長学以上の保守的機能を発揮するものではなく、体制変化が与件となれば、道の根本大元（天皇支配）において変化のないかぎり、新体制に対する忠誠のための支障となるものではない。そのかぎりでの転向は平田学においても可能である。このことが支配層ならぬ庶民の意識と生活とに即応したものと考えるのは容易であろう。

右の故に、宣長学から平田学への径路は宣長学の俗化の過程としてみることもできる。

以上にのべてきたところからして、宣長学と平田学とは、学問の質としては決定的に異るにもかかわらず、社会思想としてみた場合には連続的側面をもつと考えてよかろう。私は、この両者は後期徳川社会という同じ歴史的環境に、下たる者の立場から政治参加の理論を形成するという、共通な思想史的課題を担って登場したのであって、平田学形成の環境は主観的条件を別にすれば、宣長学の場合と同じとみてよいのではないかと思う。

追　記

本書が刊行されてから二〇年あまりの間に行なわれた、平田篤胤についての研究文献の中で、本書の内容を訂正せねばすまない事実関係に関わるものについて簡単に追記する。本文の訂正が可能なものについては、本文を訂正したが、以下はそれ以外の部分である。

(一)は篤胤の幼時に関することで、伊藤裕『大壑平田篤胤伝』二七頁以下で未紹介の史料『平田篤胤自聞受書』(秋田・西宮家所蔵)および東京・平田家所蔵の『篤胤書簡断片』によって記されており、篤胤がその家族から冷遇虐待された事情を知ることができる。彼が薄幸な幼年時代を送ったことはこれまでからも想像されていたが、それがほぼ裏ずけられる。また青年期についても同書は言及している。

(二)は鈴屋入門についてである。これについては三木正太郎『平田篤胤の研究』三五頁以下に新史料(文化二年三月五日付「平田篤胤書簡」松阪・本居宣長記念館所蔵)が紹介され、その内容から大友直枝宛の篤胤の書簡にいう事実が裏ずけられた。(本書九二頁参照)

(三)『毎朝神拝詞記』について。渡辺寛氏の研究(「平田篤胤の毎朝神拝詞記」高原先生喜寿記念皇学論集、一九六九年　「平田篤胤の毎朝神拝詞記・追補」神道史研究一九―一、一九七一年）によって、篤胤が文化八年に自撰した『毎朝神拝詞』の本文が明らかとなった。その本文は渡辺氏論文後者に紹介されている。本書一六〇頁以下に載せたのは一致堂版『全集』第四巻所収のもので、これは明治六年の改訂によっている。もとの『毎朝神拝詞』には「皇都の方に向ひて」などの言葉はなく、その代りに「申の方に向ひて」とあり、拝すべき神は本書一六二頁に『玉だすき』では、として示されていると同じである。その点は文政一二年刊の『毎朝神拝詞記』（『新修平田篤胤全集』第六巻所収）と同じであるが、全体的にはその間にはかなりの差異がある。詳しくは渡辺氏論文について見られたい。また、このことに関しては小林健三『平田神道の研究』二〇八頁以下に考察が加えられている。

（四）大禍津日神が善神とされたことについて。（本書一八四頁以下）篤胤が『新鬼神論』では宣長説に則って「凡て世間にわろき事の有るは、本はみな禍津日神の神霊によることなれば」と禍津日神悪神説にたっていたのが、『鬼神新論』になると、善神説に転換するが、それは悪神説では全ての悪のもとが禍津日神にあることになり、いかなる悪についても人間は最終的な責任を持たされることがなく、それでは平田学の構成に合致しないので、篤胤はここでその説を変じたのであるといわれてきた。本書の叙述もその見解に従っている。しかし、平田の考えでは、宣長説と異なり、大禍津日神はすべての枉神を統括する位置にあるものではなく、かりに大禍津日神が悪神からぬけたとしても、なお多くの枉神が存在する。そればかりではない。大国主神が行なう審判の基準は「産霊大神の命賜へる性」(『古史伝』二三) にそむいたか否かなのであるから、責任を人間にその行為の責任を持たせるために禍津日神善神説に転ずる必要はない筈である。従って通説は否定されねばならない。(横地信芳「平田篤胤の顕幽論における実践性について」『北大史学』一八号、参照)

それでは禍津日神が悪神であってはならなかった理由は何か? それは、篤胤によれば、禍津日神は須佐之男命の荒魂であるからである。須佐之男命の荒魂が黄泉の汚穢から生れた悪神の首魁であっては、その後継者である大国主神が正統的にこの国土を支配し、また国土経営の功績によって、産霊大神から幽世大神に任ぜられ、幽冥を支配するという篤胤の構想に支障を生ずるからである。(拙稿「平田篤胤」『江戸の思想家たち』下 一九七九年 研究社出版株式会社 参照)

(一)〜(三) は史料そのものに即する点であるが、(四) は解釈の余地のある問題で、同列には扱えない。解釈問題であれば、他にもあるかも知れないが、あえてここに取り上げたのは、特に前半部の問題解決が文理的に明快であって疑義の入る余地があまりないと考えられることと、これが篤胤の思想を考察する上での重要問題であるからである。

解釈上の問題といえば、本書の一八七〜九頁における篤胤の思想では「顕明事」がより重要なのか、または「幽冥事」がより根源的なのか、との問題がある。本書では「顕明事」の方にやや重点をかけて叙述したのであるが、その後この両者はバランスがとれるように構成されているのではないかと考えるようになった。詳しくは『日本思想大系』五〇の解説として書いた拙稿「『霊の真柱』以後における平田篤胤の思想について」をみていただきたい。

（一九八六年八月）

略系譜（破線は養子関係を示す）

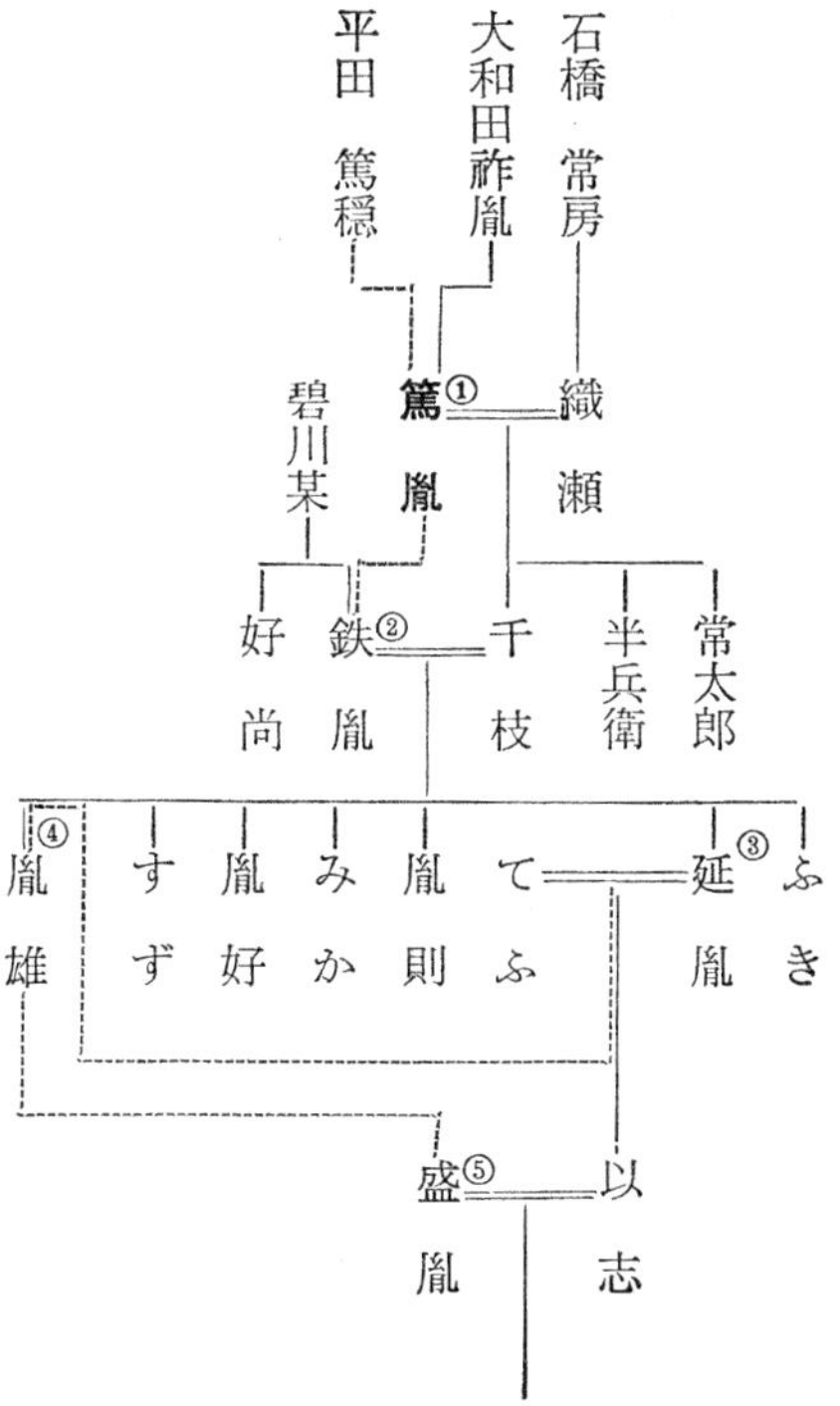

略年譜（事績欄中、〔門〕は入門者の数、カッコ内はその累計を示す。）

年次	西暦	年齢	事績	参考事項
安永 五	一七七六	一	八月二四日、出羽国（秋田県）秋田郡久保田に生る	
寛政 七	一七九五	二〇	正月八日、脱藩して江戸へ出る	
一二	一八〇〇	二五	八月、備中（岡山県）松山藩士平田藤兵衛の養嗣子となる	五月、幕命により伊能忠敬蝦夷地測量に赴く
享和 元	一八〇一	二六	八月、石橋織瀬と結婚	正月、間宮林蔵樺太を探検す○九月、本居宣長死す（七二歳）
二	一八〇二	二七	五月二〇日、長男常太郎生る	七月、松前氏の東蝦夷地を幕領とす
三	一八〇三	二八	六月二〇日、常太郎死す○『呵妄書』	六月、中沢道二死す（七九歳）
文化 元	一八〇四	二九	春、講莚を開く。「真菅乃屋」と称す○〔門〕三○『伊勢物語梓弓考』	九月、露使レザノフ長崎に来る○『日本外史』（頼山陽）草稿成る
二	一八〇五	三〇	正月一六日、長女千枝生る○二月二四日、本居	

三	一八〇六	三一	大平の紹介で伴信友を知る○六月、本居春庭に入門○一一月二六日、『新鬼神論』を大平及び春庭に送り閲を乞う○〔門〕二(五)○『新鬼神論』『本教外篇』(未定稿)○〔門〕四(九)	七月、伴蒿蹊死す(七四歳)
四	一八〇七	三二	医業を兼営し、元瑞と改名○京橋守山町に転居○〔門〕二(一一)	三月、西蝦夷地を収公す○一二月、柴野栗山死す(七四歳)
五	一八〇八	三三	春、京橋尾張町へ転居○四月一四日、次男半兵衛生る○七月、神祇伯白川家より神職へ古学教授を委嘱せらる○〔門〕四(一五)	四月、間宮林蔵樺太探検に赴く○八月、英船フェートン号長崎に侵入。松平康英自殺す○本居大平和歌山に移る
六	一八〇九	三四	京橋山下町へ移る○医業を廃す○〔門〕二(一七)	九月、間宮林蔵黒竜江地方を探検して帰る
七	一八一〇	三五	『志都の石屋』稿○〔門〕三(二〇)	正月、小野蘭山死す(八二歳)
八	一八一一	三六	一二月初より、駿府柴崎直古宅で書を著わす○〔門〕一三(二三)○『古道大意』・『俗神道大意』・『西籍概論』・『出定笑語』・『歌道大意』・『気吹於呂志』・『古史成文』・『玉だすき』草稿・『古史徴』草稿・『古史伝』の草稿はじめる	二月、村田春海死す(六六歳)○幕府外国船打攘の令を発す

文化 九	一八一二	三七	八月二七日、妻織瀬死す（三一歳）○〔門〕一三（四六）○『霊の真柱』・『悟道弁』	五月、山本北山死す（六一歳）○八月、露艦高田屋嘉兵衛を捕う
一〇	一八一三	三八	京橋南鍋町に移り、さらに北八丁堀鍛冶町に移る○〔門〕七（五三）○『霊の真柱』刊・『入学問答』	五月、露船高田屋嘉兵衛を送還す○七月、蒲生君平死す（四六歳）○一二月、尾藤二洲死す（六九歳）
一一	一八一四	三九	〔門〕一四（六七）○『しものまにまに』・『三大考弁々』・『古史伝』第二帙稿	
一二	一八一五	四〇	大病にかかり貧困になやむ ○佐藤信淵入門す○〔門〕一二（七九）○『天津祝詞考』・『古史伝』第三帙稿	（六月一八日、ワーテルローの戦○八月、ナポレオン、セントヘレナ島へ流さる）
一三	一八一六	四一	京橋三十間堀へ移る○四月、鹿島・香取に遊ぶ○九月二四日、次男半兵衛死す○気吹舎と改称し大角と称す ○〔門〕八七（一六六）○『古史系図』上・『毎朝神拝詞』刻	九月、山東京伝死す（四四歳）○一〇月、英船琉球に来り互市を乞う
一四	一八一七	四二	一一月一〇日、下総（千葉県）船橋へ旅す○一一月二五日～一二月三日、武州（埼玉県）越ケ谷および下総松戸へ旅行○〔門〕一三（一七九）○『天説弁々』『天之石笛記』『古史伝』第四帙稿	二月、中井履軒死す（八六歳）○四月、杉田玄白死す（八五歳）○五月、古賀精里死す（六八歳）○九月、英船浦賀に来る

文政元	一八一八	四三	四月一三日、再婚○八月一九日、離婚○一一月一八日、再婚○上総地方を旅行○〔門〕一一（一一九〇）○『古史成文』三冊刻・『古史伝』第五帙稿	五月、英人ゴルドン浦賀に来る○一〇月、司馬江漢死す（七二歳）
二	一八一九	四四	春、鹿島香取再遊○〔門〕二六（一二一六）○『古史徴開題記』刻・『神字日文伝』	
三	一八二〇	四五	三月、湯島天神男坂下へ移る○七月、長女千枝おてうと改名す○一〇月、初めて天狗小僧寅吉を見る○〔門〕一四（一二三〇）○『古道太元顕幽分属図説』・『天満宮御伝記略』刻・『鬼神新論』	
四	一八二一	四六	七月、藤井高尚来って百余日滞留○〔門〕一六（一二四六）○『神字日文伝疑字篇』・『密法修事部類稿』	四月、伊能忠敬死す（七七歳）○五月、塙保己一死す（七六歳）○一二月、松前奉行を廃し、管地を松前氏に返す
五	一八二二	四七	五月一六日、碧川篤真入門○〔門〕一一（一二五七）○『古今妖魅考』・『仙境異聞』・『ひとりごと』	四月、英船浦賀に来る
六	一八二三	四八	四月二二日、初めて再生人勝五郎を見る○六月二八日、備中（岡山県）松山の板倉家より退身	四月、蜀山人（大田南畝）死す（七五歳）○八月、シーボルト長崎に来る○一二月、

			○七月二二日～一一月一九日、関西に旅行。はじめて服部中庸に会い、著書を仁孝天皇に献上し、吉田家および本居家を訪う○一二月一八日吉田家から神職に古学教授を委嘱される○〔門〕一六（二七三）○『勝五郎再生記聞』・『吉田家系譜伝』	富士谷御杖死す○青山延于の『皇朝史略』成る
文政七	一八二四	四九	正月一五日、碧川篤真（鉄胤）を養子とし、おてうに配す○〔門〕九（二八二）○『五岳真形図説』・『玉だすき』増訂成る・『黄帝伝記』	三月、服部中庸死す○八月、清水浜臣死す（四九歳）
八	一八二五	五〇	五月一三日～六月二七日、上総（千葉県）地方旅行○九月、尾張家へ採用を出願○〔門〕一〇（二九二）○『牛頭天王暦神弁』・『葛仙翁伝』	二月、幕府外国船打払令を発す○四月、太田錦城死す（六一歳）○五月、英船陸奥沖に来る
九	一八二六	五一	二月一四日、尾張家へ出入を許される○五月七日～二一日、鉄胤上総・下総地方旅行○七月一八日～八月一日、鉄胤上州（群馬県）・武州旅行○〔門〕四（二九六）○『印度蔵志』・『大扶桑国考』初稿	三月、亀田鵬斎死す（七三歳）○一二月、藤田幽谷死す（五三歳）○今年、頼山陽の『日本外史』・岩垣松苗の『国史略』成る

一〇	一八二七	三二	九月一六日〜二四日、鉄胤上総・下総地方へ旅行〇〔門〕一四（三一〇）〇『医宗仲景考』刻・『赤県太古伝』	
一一	一八二八	三三	三月二九日〜五月二一日、鉄胤越後（新潟県）へ旅行〇七月二九日〜一〇月五日、鉄胤常陸（茨城県）・下総地方旅行〇〔門〕二七（三三七）〇『三五本国考』	一〇月、シーボルト事件。高橋作左衛門ら処罰〇一一月、本居春庭死す（六六歳）
一二	一八二九	三四	二月一日〜三月一七日、鉄胤下総・常陸地方旅行〇六月四日〜一三日、鉄胤下総地方旅行〇一〇月二日、伴信友を面責す〇〔門〕一六（三五三）〇『天柱五岳余論』・『三神山余攷』・『宮比神御伝記』	三月、江戸大火〇五月、松平定信死す（七二歳）〇九月、シーボルトに帰国を命ず〇一一月、鶴屋南北死す（五七歳）
天保元	一八三〇	三五	七月一二日、尾張藩より三人扶持を給せらる〇一一月一一日〜一二月一五日、鉄胤下総・上総地方へ旅行〇この頃、佐竹侯に出入を願う〇〔門〕二〇（三七三）〇『八卦稽疑伝』・『欽明録外易暦』・『伯家学則演義』	三月、伊勢おかげ参り流行す
二	一八三一	三六	二月六日、鉄胤下総へ旅行〇七月一日、水戸侯	正月、良寛死す（七四歳）〇八月、十返

			へお目見○〔門〕一九（三九二）○『古史年暦編』・『春秋命歴序考』・『春秋暦本術篇』・『皇典文彙』一四・『大祓詞正訓』・『弘仁暦運記考』・『旧事記疑問』	舎一九死す（五七歳）
天保 三	一八三二	五七	一一月、水戸藩鵜殿広生を通じ佐竹家へ帰参の取成しを依頼す○〔門〕一五（四〇七）○『万声大統譜』・『玉だすき』初帙刻（本居大平序文）	九月、頼山陽死す（五三歳）○この年、為永春水『梅暦』出版
四	一八三三	五八	〔門〕一一（四一八）○『前漢歴志弁』・『三暦由来記』・『夏殷周年表』	九月、本居大平死す（七八歳）○今年、諸国飢饉米価騰貴す
五	一八三四	五九	六月、林大学頭から平田篤胤についての意見を幕府に答申○一一月一〇日、尾張藩の扶持召上げられる○一一月、藤田東湖に書を送って史館御用仰付られたいと願う○〔門〕一二（四三〇）○『皇国度制考』（『日本経済大典』所収）・『大扶桑国考』改稿・『孔子聖説考』	三月、水野忠邦老中となる○七月、江戸・大坂にうちこわし起る○この年、諸国凶作のため餓死者多し
六	一八三五	六〇	正月一五日、屋代弘賢を通して水戸史館出仕を	閏七月、狩谷棭斎死す（六一歳）○八月

			藤田東湖に乞う○一〇月三〇日、屋代弘賢を介して水戸家へ嘆願書を出す○一二月、根岸新田に移る ○〔門〕一〇(四四〇) ○『赤県度制考』・『三易由来記』	田能村竹田死す(五九歳)
七	一八三六	六一	〔門〕九(四四九) ○『大扶桑国考』・『太昊古暦伝』(草稿)・『太昊古易伝』	諸国飢饉、米価騰貴す○八月、甲斐(山梨県)に暴動起る○九月、最上徳内死す(八三歳)
八	一八三七	六二	五月、白川家から学師職補任状○〔門〕七(四五六) ○『天朝無窮暦』・『幹支字原考』	二月、大塩平八郎の乱○六月、平田門人、生田万の乱○米船モリソン号浦賀に入港
九	一八三八	六三	〔門〕一五(四七一) ○『天朝無窮暦後編』	高野長英『夢物語』・渡辺崋山『慎機論』・『駃舌小記』成る
一〇	一八三九	六四	〔門〕六(四七七) ○『古史本辞経』	五月、柴田鳩翁死す(五七歳)○一二月、高野長英・渡辺崋山ら処罰せらる(「蛮社の獄」)
一一	一八四〇	六五	『天朝無窮暦』につき司天台から究問あり。篤胤答弁書を提出○六月、幕府から佐竹藩に対して篤胤の身分について照会○八月、白川家から神祇道学頭を委嘱さる○〔門〕五(四八二)	五月、天文方に対し蘭書の翻訳を流布せしめることを禁ず○(アヘン戦争起る)

天保一二	一八四一	六六	正月元日、著述差止め、国元へ帰還せよとの幕命が達せられた○一一日、江戸を発し四月五日秋田着○一一月二四日、佐竹藩から一〇両・一五人扶持を給せらる○〔門〕二九（五一一）	閏正月、屋代弘賢死す（八四歳）○五月、水野忠邦、政事革新を令す（「天保の改革」）○七月、林述斎死す（七七歳）○八月、藤井高尚死す（七七歳）○一〇月、渡辺崋山自殺す（四九歳）
一三	一八四二	六七	〔門〕一四（五二五）	七月、為永春水獄死（六〇歳）○柳亭種彦死す（六〇歳）○外国船打払令を緩む○八月、海防を厳にす
一四	一八四三	六八	閏九月一一日、病死す○〔門〕二八（五五三）（歿後に門人となった者一三三〇人）	九月、青山延于死す（六八歳）○江戸・大坂十里四方の地を幕領とす○閏九月、水野忠邦辞職

参考文献

『新修平田篤胤全集』二一冊　一九七六〜八一　名著出版社

一九三二年から内外書籍出版株式会社が出版したが中絶した『平田篤胤全集』を中心とし、それに欠けているものを、一九一一年から一致堂が出版した『平田篤胤全集』の中から抜き出して編集し、リプリントして全集のかたちに仕立てたものであるが、この両者に入っていないものも補遺として収録されており、また別巻には門人帳がはいっている。この『全集』は十分な校訂がなされていないから、篤胤研究の史料としては不完全であるが、いまのところはこれによるほかはない。

『気吹舎書簡集』『気吹舎日記』（渡辺金造『平田篤胤研究』所収）

『大壑君御一代略記』（『新修平田篤胤全集』六所収）

山田孝雄『平田篤胤』　一九四〇年　宝文堂

室田泰一『平田篤胤』（教養文庫）　一九四二年　弘文堂

河野省三『平田篤胤』　一九四三年　新潮社

渡辺金造『平田篤胤研究』　一九四二年　六甲書房
沖野岩三郎『平田篤胤とその時代』　一九四三年　厚生閣
村岡典嗣『宣長と篤胤』(日本思想史研究三)　一九五七年　創文社
松本三之介『国学政治思想の研究』　有斐閣・一九五七年　未来社
三木正太郎『平田篤胤の研究』　一九六九年　神道史学会
『日本の名著二四・平田篤胤』　一九七二年　中央公論社
伊藤裕『大壑平田篤胤伝』　一九七三年　錦正社
『日本思想大系五〇・平田篤胤・伴信友・大国隆正』　一九七三年　岩波書店
小林健三『平田神道の研究』　一九七五年　古神道仙法教本庁
谷省吾『平田篤胤の著述目録・研究と覆刻』　一九七六年　皇学館大学出版部
子安宣邦『宣長と篤胤の世界』　一九七七年　中央公論社

著者略歴

一九二四年生れ
一九五三年東京大学文学部国史学科卒業
現在　北海道大学名誉教授、敬和学園大学教授

主要著書
徳川思想史研究　本居宣長　山鹿素行（日本思想大系）〈共著〉　山鹿素行（日本の名著）　平田篤胤・伴信友・大国隆正（日本思想大系）〈共著〉　赤穂四十六士論　徂徠学の世界

人物叢書　新装版

平田篤胤

昭和三十八年八月二十九日　第一版第一刷発行
昭和六十一年十月一日　新装版第一刷発行
平成八年六月一日　新装版第三刷発行

著者　田《た》原《はら》嗣《つぐ》郎《お》
編集者　日本歴史学会
代表者　児玉幸多
発行者　吉川圭三
発行所　株式会社 吉川弘文館
東京都文京区本郷七丁目二番八号
郵便番号一一三
電話〇三―三八一三―九一五一〈代表〉
振替口座〇〇一〇〇―五―二四四
印刷＝平文社　製本＝ナショナル製本

『人物叢書』（新装版）刊行のことば

人物叢書は、個人が埋没された歴史書が盛行した時代に、「歴史を動かすものは人間である。個人の伝記が明らかにされないで、歴史の叙述は完全であり得ない」という信念のもとに、専門学者に執筆を依頼し、日本歴史学会が編集し、吉川弘文館が刊行した一大伝記集である。

幸いに読書界の支持を得て、百冊刊行の折には菊池寛賞を授けられる栄誉に浴した。

しかし発行以来すでに四半世紀を経過し、長期品切れ本が増加し、読書界の要望にそい得ない状態にもなったので、この際既刊本の体裁を一新して再編成し、定期的に配本できるような方策をとることにした。既刊本は一八四冊であるが、まだ未刊である重要人物の伝記についても鋭意刊行を進める方針であり、その体裁も新形式をとることとした。

こうして刊行当初の精神に思いを致し、人物叢書を蘇らせようとするのが、今回の企図である。大方のご支援を得ることができれば幸せである。

昭和六十年五月

日本歴史学会

代表者　坂本太郎

〈オンデマンド版〉
平田篤胤

人物叢書　新装版

2020年（令和2）11月1日　発行

著　者　田《た》原《はら》嗣《つぐ》郎《お》

編集者　日本歴史学会
代表者　藤田　覚

発行者　吉川道郎

発行所　株式会社　吉川弘文館
〒113-0033　東京都文京区本郷7丁目2番8号
TEL　03-3813-9151〈代表〉
URL　http://www.yoshikawa-k.co.jp/

印刷・製本　大日本印刷株式会社

田原　嗣郎（1924～2013）

ISBN978-4-642-75055-4